COMMENT MANAGER
UN PROJET

Éditions d'Organisation
1, rue Thénard
75005 Paris
Connectez-vous sur le site :
www.editions-organisation.com

© Éditions d'Organisation, 2002
ISBN : 2-7081-2786-1

Henri-Pierre MADERS   Étienne CLET

COMMENT MANAGER
UN PROJET

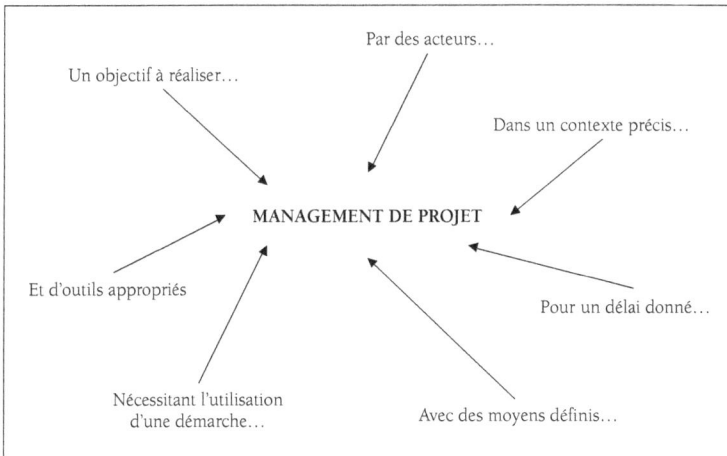

Par des acteurs…

Un objectif à réaliser…

Dans un contexte précis…

MANAGEMENT DE PROJET

Et d'outils appropriés

Pour un délai donné…

Nécessitant l'utilisation
d'une démarche…

Avec des moyens définis…

Les sept facettes du management de projet

Deuxième tirage 2003

Éditions
d'Organisation

Du même auteur aux Éditions d'Organisation

« *Améliorer l'organisation administrative* », (100 fiches outils), P. Lemaître et H-P. Maders, 1989, 1994 (épuisé)

« *L'Efficacité du tertiaire par l'analyse de la valeur des processus* », (103 fiches outils), P. Lemaître et H-P. Maders, 1991 (épuisé)

« *L'organisation de l'unité de travail* », H-P. Maders et D. Boix, 1992 (épuisé)

« *Audit opérationnel dans les banques* », H-P. Maders, 1994 (épuisé)

« *Assistant : organiser, gérer, faciliter* », (Livre du maître et livre de l'élève), C. Garcia et H-P. Maders, 1995

« *Conduire un projet dans le tertiaire* », H-P. Maders et P. Lemaître, 1997, 2000

« *Conduire un projet d'organisation* », H-P. Maders, E. Gauthier et C. Le Gallais, 1998, 2000, 2002

« *Conduire une équipe projet* », H-P. Maders, 2000, 2001, 2002

SOMMAIRE

Préface

En 1995, répondant à la demande de nombreux clients et stagiaires, nous avons publié un mémento dont l'objectif était de présenter :

- Les fondamentaux de tout projet.
- Leur application pratique dans le cadre de la conduite d'un projet informatique.

Si, depuis 1995, nous avons participé à de nombreux projets, nos convictions en matière de management de projet sont restées les mêmes. La nature des projets informatiques en revanche a beaucoup évolué. Ainsi, les projets de développement de systèmes informatiques propriétaires ont fait place aux projets d'intégration de progiciels, voire d'E.R.P. venant remplacer la quasi-totalité du système d'information. Cette pratique, de par ses impacts structurants forts sur les modes de management et les organisations se traduit par un important besoin d'accompagnement du changement en matière d'organisation, d'information et de formation.

C'est pourquoi, à la place d'un mémento, nous publions aujourd'hui un livre.

En plus des thèmes abordés dans le mémento, vous trouverez dans ce livre une présentation de la conduite d'un projet d'intégration d'un progiciel informatique (E.R.P.), des éléments sur l'accompagnement du changement, plusieurs outils de gestion de projet supplémentaires et un lexique du vocabulaire projet. De plus, les questionnaires d'évaluation se sont enrichis de nouvelles questions.

Nous espérons que ce livre pratique vous apportera l'aide nécessaire dans la conduite de vos projets.

INTRODUCTION

Quelques projets dont vous avez certainement entendu parler :

➤ L'opéra de la Bastille est terminé, le bicentenaire de la Révolution française peut être fêté avec faste. Cependant, à l'usage, l'opéra, qui a occasionné plusieurs dépassements de budgets, s'avère posséder une mauvaise acoustique et son personnel lui préfère l'opéra Garnier, plus facile à utiliser et mieux conçu d'après eux. Des travaux complémentaires ultérieurs lui donneront finalement la merveilleuse acoustique que l'on lui connaît aujourd'hui.

➤ Le 28 janvier 1986, la navette Challenger est prête à décoller pour réaliser un programme de recherche en état d'apesanteur et, par sa présence à bord d'une jeune institutrice, prouver la fiabilité de la technologie de la NASA. Malheureusement, la navette explose quelques secondes après son lancement. L'enquête montrera que la cause de l'explosion est due à un simple joint défaillant, non contrôlé avant le lancement.

➤ Le « Channel », après plusieurs retards techniques et des dépassements de budgets considérables, est enfin entré en service. Quelques temps après, un incendie (heureusement moins grave que celui du tunnel du Mont Blanc) le contraindra à stopper son exploitation pendant plusieurs mois. A l'heure actuelle, les experts financiers sont de plus en plus sceptiques quant à sa rentabilité. Les petits porteurs, eux, ont fait depuis longtemps le deuil de leurs placements.

➤ Le logiciel informatique de réservation de la SNCF « Socrate » semble être enfin au point. Il aura nécessité plus d'une année de test et de correction de ces nombreux bugs en exploitation, et occasionné le mécontentement partagé des usagers et des employés de la SNCF.

➤ Le projet Euro, après le passage à l'an 2000 est terminé. Globalement, il est possible d'affirmer que ces deux projets n'étaient pas gagnés d'avance, de par leur ampleur et leurs échéances non négociables.

Ces cinq exemples de projets montrent trois choses :

• Que manager un projet n'est pas une chose facile,
• Qu'il est parfois nécessaire, dans le management d'un projet, d'effectuer des arbitrages entre les objectifs à réaliser, les délais et les moyens,
• Qu'il est possible de réaliser des grands projets très complexes.

Dans un projet, la priorité peut en effet être mise :

• Sur les objectifs au détriment des délais et des moyens,
• Sur les délais au détriment des objectifs et des moyens,

- Sur les moyens au détriment des objectifs et des délais.

Ce livre, écrit par des spécialistes de la conduite de projet, s'adresse à vous si vous êtes :

- Responsable d'encadrement, et que vous vous intéressez au management de projet et désirez en acquérir les notions essentielles,
- Cadre opérationnel, et que vous venez d'être nommé chef de projet et désirez manager votre projet pour lui donner toutes les chances de succès,
- Chef de projet, et que vous managez un projet et désirez avoir une appréciation sur la manière dont vous vous y prenez.

Les trois composantes d'un projet

Partie **1**

LA PRÉPARATION DU PROJET

L'INITIALISATION DU PROJET

Cette première partie présente les notions de projet, d'objectif, d'acteur, de contexte, de délai, de moyens et d'outils.

Ces notions correspondent aux actions à réaliser avant de commencer réellement le projet. Initialiser le projet, c'est donc faire un certain nombre de choses qui permettront au projet de démarrer dans les conditions les meilleures.

L'initialisation du projet ne doit en aucun cas être négligée.

1.1. Un projet est...

Projet : « image d'une situation, d'un état que l'on pense atteindre ».

Un projet est « un objectif à réaliser, par des acteurs, dans un contexte précis, dans un délai donné, avec des moyens définis, nécessitant l'utilisation d'une démarche et d'outils appropriés ».

Il existe une grande variété de types de projets. Cependant, tous les projets ont deux points en commun :

- Ils doivent respecter un certain nombre de règles de base, qui seront développées tout au long de ce livre,
- Ils sont confrontés à des événements aléatoires pouvant représenter des facteurs de risques.

Les facteurs de risques

Tout événement aléatoire dans le cadre d'un projet est porteur de risques.

Un facteur de risque est un événement possédant une probabilité d'apparition forte et dont la survenance entraîne des conséquences graves pour le projet.

Cet événement peut être :

- L'insatisfaction des bénéficiaires du projet pouvant les conduire à le rejeter (de par un non respect des objectifs ou un non respect des délais),
- L'annulation du projet par la Direction générale (de par un non respect des budgets de départ),
- La démotivation des acteurs du projet (de par les résultats comparés à la durée et à l'intensité des efforts à fournir).

(!) *Chef de projet, attention !*

- La non-prise en compte de l'environnement ou de changements importants, des valeurs de l'entreprise, des changements de stratégie ou de priorités de l'entreprise,... ont des incidences négatives sur le projet.
- La non-définition précise des rôles des acteurs du projet, leur manque de motivation, de compétence, de disponibilité, des changements fréquents d'acteurs en cours de projet,... ont des incidences négatives sur le projet.
- La non-évaluation sérieuse des délais, des échéances non respectées, des durées élastiques,... ont une incidence sur le projet.
- La non-détermination des moyens, leur mauvaise gestion, une absence de budgétisation de certains postes,... ont une incidence sur le projet.
- La non-connaissance des outils de base et d'une méthodologie adaptée à la nature du projet,... ont une incidence sur le projet.
- La non-validation des phases, la non rédaction de certains documents indispensables (étude d'opportunité, cahier des charges, appel d'offres, contrats de sous-traitance,...) ont une incidence sur le projet.
- La non-disponibilité du chef de projet (parfois responsable de plusieurs projets) a une incidence sur le projet.

Une grande partie du travail du chef de projet consiste donc à inventorier les aléas pouvant se transformer en facteurs de risques, à évaluer leur probabilité d'apparition et leur effet sur le projet, puis à engager :

- des actions préventives dans le but d'éviter leur apparition,
- des actions curatives ou palliatives dans le but d'en limiter leurs effets, ou de transférer ceux-ci sur un tiers (assurance).

Le management d'un projet

Un projet peut être comparé à une activité opérationnelle à durée de vie limitée dans le temps.

Et comme toute activité opérationnelle, le projet doit être managé. Par « manager », nous entendons : organiser, gérer et animer.

> *Organiser, c'est décider « qui doit faire quoi », « où »,*
> *« quand » et « comment ».*

Un projet doit reposer sur une démarche rigoureuse et des outils adaptés, afin d'éviter la dispersion des efforts. Le rôle de chaque acteur doit être précisé, afin que toutes les énergies génèrent de la valeur ajoutée.

> *« Gérer, c'est contrôler l'utilisation des ressources en évitant*
> *les dépassements de budgets ».*

Un projet consomme des ressources humaines, techniques, financières,… Ces ressources doivent être gérées afin de les rentabiliser au mieux et d'éviter tout gaspillage.

« Animer, c'est donner de la vie et du sens au projet, pour en faire un événement extraordinaire ».

Un projet est une dynamique, qui suppose l'existence d'une volonté partagée, non seulement par le prescripteur, mais aussi par le réalisateur et les bénéficiaires de celui-ci.

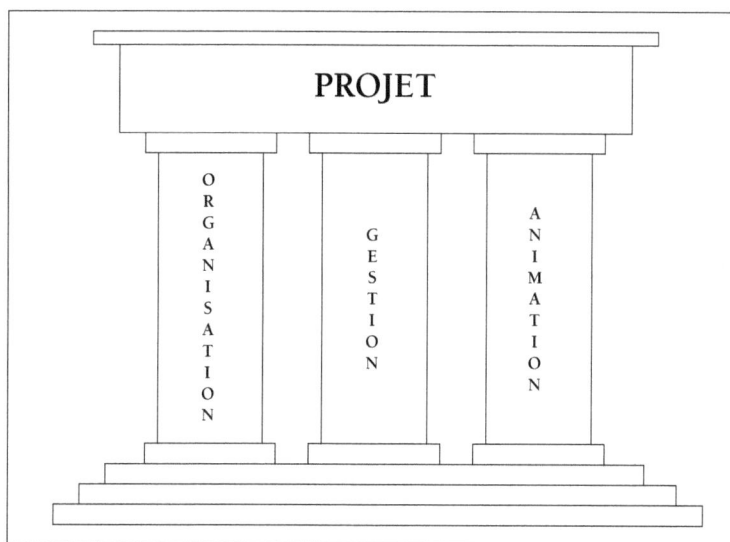

PROJET

ORGANISATION — GESTION — ANIMATION

Les trois piliers du management de projet

1.2. Un objectif à réaliser...

Objectif : « but que l'on se propose d'atteindre ».

Un projet a pour finalité de permettre l'atteinte d'objectifs précis.

La définition de ces objectifs doit permettre de répondre à la question suivante : Quel besoin doit satisfaire le résultat (produit fini) du projet ?

De la bonne définition de ces objectifs dépendra pour une large part la réussite du projet. La formulation des besoins et de ces objectifs est donc primordiale.

Chaque objectif doit respecter quatre règles de base. Il doit être :

- Réaliste : l'objectif doit pouvoir être atteint (un objectif trop ambitieux ne peut pas être motivant).
- Mesurable : l'atteinte de l'objectif doit pouvoir être évaluée de façon indiscutable.
- Positif : l'objectif doit caractériser le côté positif du résultat recherché (par exemple : 95 % de qualité plutôt que 5 % de non qualité).
- Motivant : la réalisation de l'objectif doit procurer de la satisfaction à ceux qui œuvrent pour l'atteindre. Par ailleurs, les bénéfices de la réalisation du projet doivent être supérieurs aux bénéfices secondaires de sa non atteinte.

ⓘ *Chef de projet, attention !*

- Dans certains cas, les objectifs peuvent donner lieu à des arbitrages.

- Sachez distinguer les objectifs essentiels des objectifs secondaires.
- Les objectifs doivent être acceptés avant le démarrage du projet.
- Les objectifs doivent être clairs et compris de tous.

1.3. Par des acteurs...

Acteur : « personne qui prend une part active dans un événement ».

Différents types d'acteurs peuvent intervenir dans un projet. Ces acteurs ont des rôles et des responsabilités (droits et obligations) qui doivent être clairement précisés avant le démarrage du projet.

L'organigramme qui suit présente les relations hiérarchiques ou fonctionnelles entre les différents acteurs.

Le Comité stratégique

Stratégie : « ensemble d'actions coordonnées, de manœuvres en vue d'une victoire ».

Le Comité stratégique est composé de membres de la Direction générale de l'entreprise.

```
┌─────────────────────────────────────────────┐
│            ╭───────────────────╮             │
│           ╱  Direction générale  ╲           │
│           ╲_____╱               │
│                     │                         │
│           ╭───────────────────╮             │
│          ╱   Comité stratégique  ╲           │
│          ╲_____╱                │
│                     │                         │
│         ╭─────────────────────╮             │
│        ╱    Comité de pilotage   ╲           │
│        ╲_____╱                │
│                     │                         │
│          ╭──────────────────╮               │
│         ╱    Chef de projet    ╲             │
│         ╲_____╱                  │
│              ┌──────┴──────┐                  │
│      ╭──────────────╮  ╭──────────────╮      │
│     ╱ Équipe projet  ╲ ╱    Experts    ╲     │
│     ╲_____╱ ╲_____╱        │
│                                               │
│    ╭─────────────────────────────────╮       │
│   ╱          Bénéficiaires             ╲      │
│   ╲_____╱         │
└─────────────────────────────────────────────┘
```

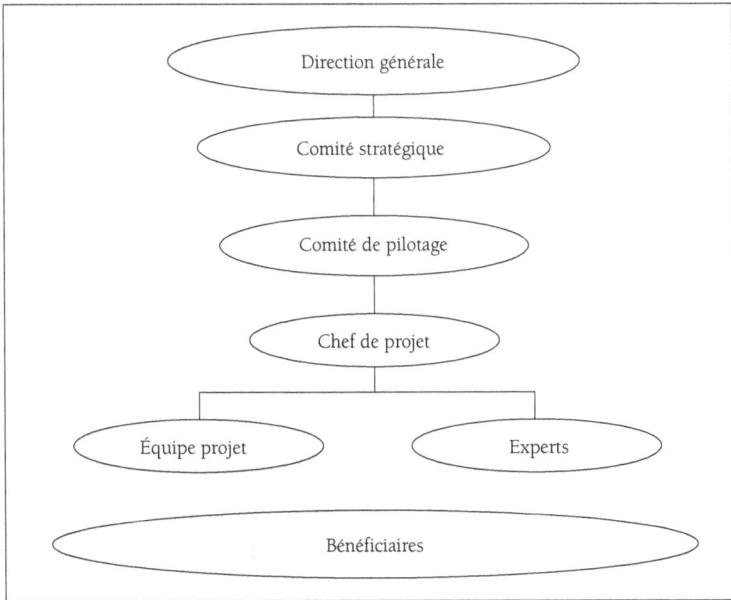

La structure classique d'un projet

A ce titre, il représente la Direction générale pour l'ensemble des projets et intègre dans ses décisions la politique générale de l'entreprise d'une part, et les politiques d'investissements technologiques, sociales, immobilières... d'autre part.

D'une manière opérationnelle, le Comité stratégique :

• Sélectionne les projets,

- Prend les décisions relevant des politiques sectorielles de l'entreprise,
- Arbitre entre les différents budgets (priorités, allocations budgétaires,…),
- Valide les résultats,
- Fait remonter à la Direction générale les problèmes et décisions de son ressort,
- Rend compte de l'avancement des différents projets à la Direction générale.

⚠ *Chef de projet, attention !*

- Sur décision du Comité Stratégique, le projet peut passer de la priorité n° 1 à la dernière et voir ainsi ses ressources diminuées au profit d'un autre.
- Le Comité Stratégique ne justifie pas toujours ses décisions quand celles-ci correspondent à des orientations sensibles.

Le Comité de pilotage

Pilotage : « action, art de diriger un aéronef ».

Le Comité de pilotage est composé de responsables opérationnels de niveau élevé dans l'organigramme de l'entreprise. Il représente le Comité stratégique pour un projet spécifique et à ce titre suit la réalisation opérationnelle du projet, de son lancement jusqu'à sa clôture.

D'une manière opérationnelle, le Comité de pilotage :

- Nomme le chef de projet,
- Valide l'avancement des travaux,
- Fait remonter au Comité stratégique les problèmes et les décisions de son ressort,
- Rend compte au Comité stratégique.

ⓘ Chef de projet, attention !

- Dans le cas de grands projets, il est nécessaire d'intégrer certains sous-traitants et/ou fournisseurs de l'entreprise au Comité de pilotage.
- Le Comité de pilotage a une fonction de décision et de facilitation, n'hésitez pas à l'utiliser en conséquence.

Le chef de projet

Chef : « personne qui est à la tête, qui dirige,
commande, gouverne ».

Le chef de projet est un cadre opérationnel ou fonctionnel de l'entreprise, détaché à temps plein ou à temps partiel pour la durée du projet.

D'une manière opérationnelle, le chef de projet :

- Compose l'équipe projet.
- Évalue les facteurs de risques et les gère à tout moment.

- Affecte les travaux à réaliser.
- Suit l'avancement des travaux.
- Formalise les documents intermédiaires et finaux.
- Arbitre les conflits entre les acteurs de l'équipe projet.
- Suit les budgets et les délais.
- Fait remonter au Comité de pilotage les décisions de son ressort.
- Rend compte de l'avancement du projet au Comité de pilotage.

⚠ Chef de projet, attention !

- Vous êtes la clef de voûte du projet : vous ne devez accepter ce rôle que s'il vous motive.
- Vous devez impérativement suivre une formation avant de piloter votre premier projet, sous peine d'être rapidement dépassé par les événements.
- Dans le cas de projets techniques ou de taille importante, il est souhaitable de faire appel à des consultants externes pour vous seconder (Maîtrise d'ouvrage déléguée).
- L'organisation de la communication doit être un de vos premiers soucis car elle motive les acteurs et favorise l'avancement du projet.
- Vous êtes plutôt un aiguilleur qu'un producteur.
- Votre activité consiste à maîtriser un certain nombre de flux d'informations qui déclencheront votre action.
- Pour éviter des difficultés de gestion, vous devez être capable de prendre de la hauteur pour dominer l'ensemble des facteurs importants ou déterminants pour le pro-

jet. Vous devez donc éviter toute confusion entre votre rôle de pilote et votre rôle de producteur : le premier rôle nécessitant un certain recul par rapport à la production.

L'équipe projet

> Équipe : « *groupe de personnes unies dans une tâche commune* ».

L'équipe projet est composée de personnes appartenant à des Directions diverses de l'entreprise et de personnes de sociétés de prestations de service ou de fournisseurs (personnel de sociétés de services informatiques, éditeurs de progiciels, constructeurs de matériels, consultants, personnels intérimaires ou à contrat à durée déterminée, stagiaires...). Elle est placée sous la responsabilité du chef de projet.

D'une manière opérationnelle, l'équipe projet :

• Réalise les travaux.
• Rend compte de leur avancement au chef de projet.

① Chef de projet, attention !

• L'équipe projet a un rôle essentiellement d'exécution : elle doit produire. Vous devez donc la débarrasser de tout souci (logistique,...) qui pourrait aller à l'encontre de cette finalité.

- Une équipe projet ne fonctionne bien que si elle présente la plus grande cohésion : vous devez donc favoriser cette cohésion par la réalisation d'événements collectifs.

Les experts

Expert : « personne qui a, par l'expérience et par la pratique, acquis une grande habilité ».

Certains projets nécessitent ponctuellement un apport d'expertise interne à l'entreprise (compétence « métier ») ou externe (compétence technique).

D'une manière opérationnelle, les experts :

- Interviennent de façon ponctuelle à la demande du chef de projet.
- Donnent des avis « métiers » techniques.

Chef de projet, attention !

- L'expertise n'est pas toujours possédée dans l'entreprise. Dans ce cas, vous devez prévoir ce type de dépense.
- S'il n'est pas indispensable de posséder un diplôme pour revendiquer le titre « d'expert ». En revanche, il est indispensable de posséder une expérience reconnue. Avant de choisir un expert extérieur, vous devez vérifier ses références.

Les bénéficiaires

Bénéficiaire : « personne qui bénéficie d'un avantage, d'un droit, d'un privilège ».

Les bénéficiaires du projet sont les personnes qui vont avoir à faire vivre le produit du projet, en tant qu'acteurs au quotidien.

D'une manière opérationnelle, les bénéficiaires :

• Valident l'avancement des travaux.
• Interviennent à titre de client.
• Testent le résultat du projet.

Chef de projet, attention !

• Dans le cas d'un projet informatique, on appelle les bénéficiaires « les utilisateurs ».
• Dans le cas de petits projets, le chef de projet peut être amené à remplir plusieurs fonctions.
• Dans les grands projets informatiques, les termes de maître d'ouvrage et de maître d'œuvre sont parfois utilisés.

Le maître d'ouvrage

La maîtrise d'ouvrage est assurée par le maître d'ouvrage. C'est lui le client. C'est lui qui prend la décision de lancer le projet.

Il est positionné à un niveau de responsabilité élevé dans l'entreprise : responsable d'une fonction opérationnelle ou fonctionnelle.

Généralement, le maître d'ouvrage délègue la maîtrise d'ouvrage à un chef de projet ou un consultant extérieur à l'entreprise.

D'une manière opérationnelle, la maîtrise d'ouvrage :

- Précise les objectifs du projet,
- Définit le produit répondant aux objectifs (sa composition et son fonctionnement),
- Établit le programme de réalisation,
- Détermine le budget,
- Justifie les choix proposés (analyse de la valeur, appréciation des risques),
- Mesure la rentabilité,
- Lance la réalisation,
- Contrôle la réalisation,
- Assure l'exploitation du produit fini.

Le maître d'œuvre

Le maître d'œuvre est celui qui a en charge la réalisation technique du projet (comme la réalisation du développement informatique). Il a donc une responsabilité opérationnelle et technique.

Dans les petits projets internes à une entité, le maître d'ouvrage et le maître d'œuvre peuvent être la même personne (son responsable hiérarchique), communément appelée dans ce cas « chef de projet ».

D'une manière opérationnelle, le maître d'œuvre :

- Assure l'organisation,
- Contrôle la réalisation du projet,
- Anime l'équipe projet.

Comme le présente le schéma suivant, un projet nécessite la contribution de tous les acteurs : qu'un seul acteur soit défaillant, et le projet peut échouer.

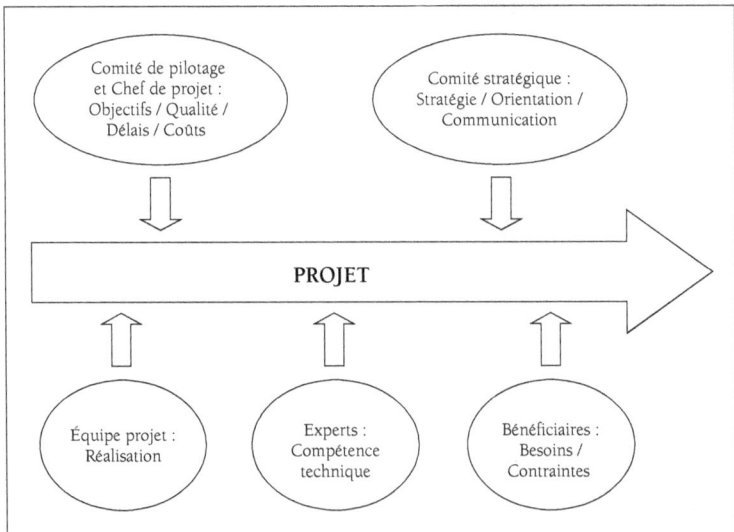

Les différentes contributions des acteurs d'un projet

© Éditions d'Organisation

Les préoccupations des différents acteurs

Les différents acteurs d'un projet ont des préoccupations différentes, qui se traduisent par des comportements, des attentes
et des besoins spécifiques :

- **Les besoins physiologiques** se traduisent par une
  recherche d'avantages en nature, de revenus supérieurs
  ou complémentaires…
- **Le besoin de sécurité** se traduit par une recherche de
  sécurité de l'emploi, d'un plan de carrière, d'une volonté
  de ne pas prendre de risques « inutiles »…
- **Le besoin de vie sociale** se traduit par la recherche
  d'intégration à une équipe.
- **Le besoin d'estime** se traduit par une recherche de la
  reconnaissance des mérites individuels, d'un titre, d'un
  statut, de voir ses idées prises en compte…
- **Le besoin de réalisation** se traduit par la recherche d'un
  « challenge » qui ait du sens.

Souvent, dans les projets d'évolution des systèmes d'information, les bénéficiaires du projet sont plutôt hostiles au changement, recherchant dans leur vie professionnelle la satisfaction
de besoins physiologiques et de sécurité. Par contre, le chef de
projet et l'équipe projet recherchent souvent dans le projet la
satisfaction des besoins d'appartenance à une équipe, de
reconnaissance et de réalisation (créer quelque chose, changer
une situation…).

Ces différences de préoccupations entre les acteurs du projet
ne facilitent pas son déroulement.

Besoin
de réalisation

Besoin
d'estime

Besoin
d'appartenance

Besoin
de sécurité

Besoins
psychologiques

Besoins
recherchés
par le chef
de projet et
l'équipe
projet

Besoins
recherchés
par les
bénéficiaires
du projet

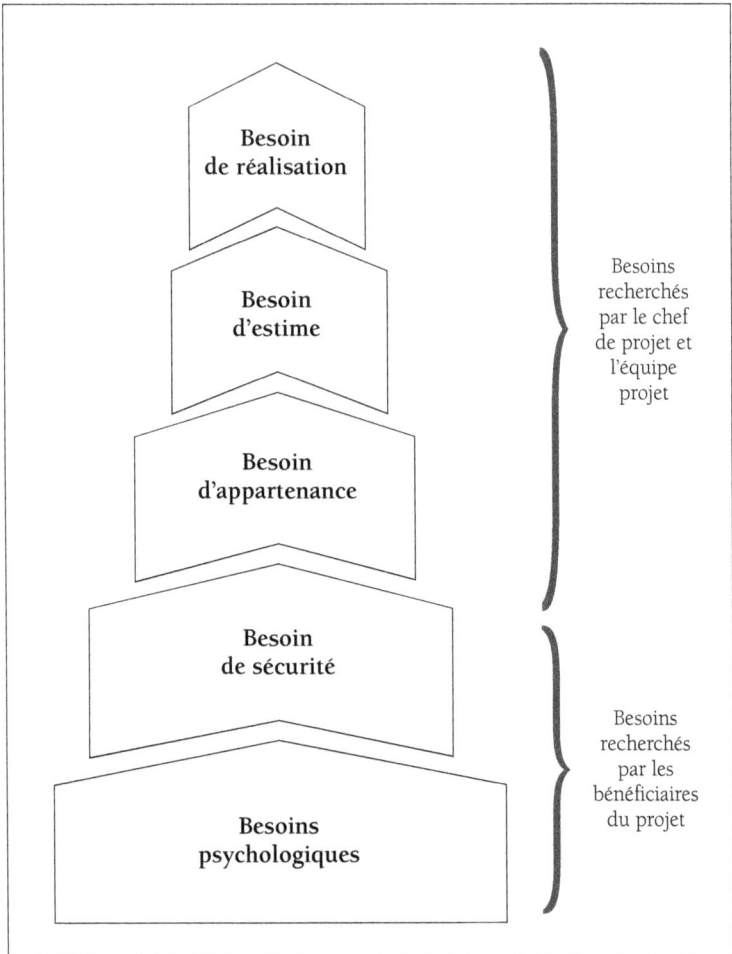

Les types de préoccupations des acteurs du projet

1.4. Dans un contexte précis...

Contexte : « ensemble des circonstances qui entourent un événement ».

Un projet se déroule toujours dans un contexte spécifique caractérisé par « ici » et « maintenant ».

Les niveaux de développement

Le contexte se caractérise par exemple par un type de niveau de développement de la relation entre l'encadrement et les collaborateurs : dépendance entre les niveaux hiérarchiques, contre-dépendance, indépendance ou interdépendance.

- Dans un contexte de dépendance, les collaborateurs sont pris en charge par un encadrement paternaliste : absence de délégation, d'objectifs individuels, rémunérations fixes et égalitaires…
- Dans un contexte de contre-dépendance, les collaborateurs sont critiques par rapport à leur encadrement : taux de syndicalisation élevé, conflits, grèves...
- Dans un contexte d'indépendance, les collaborateurs travaillent d'une façon autonome : délégations formalisées, objectifs individuels, auto-contrôle, rémunérations différenciées, centres de responsabilités…
- Dans un contexte d'interdépendance, les collaborateurs ont un comportement de type « client-fournisseur » et, bien que très autonomes, collaborent entre eux dans l'intérêt général de l'entreprise : contrats de service, charte qualité, approche processus…

Les types d'organisation de projet

Qui a la responsabilité réelle du projet ? Le spécialiste du management de projet ou le responsable d'encadrement concerné par le projet ?

En fonction du contexte et des objectifs spécifiques du projet, trois types d'organisation de projet sont rencontrées classiquement : organisation ouverte, organisation fermée ou organisation matricielle.

Toutefois, quel que soit le type d'organisation dans lequel se situe le projet, celui-ci nécessite du chef de projet des qualités de stratège et de diplomatie, car l'environnement n'est pas toujours bienveillant, surtout dans les projets de changements de grande ampleur.

(!) Chef de projet, attention !

- Le contexte a une importance fondamentale sur le management du projet. Il est possible d'affirmer que, d'une façon générale, la façon de conduire le projet est aussi importante que son résultat.
- Vous devez tenir compte de l'existant, sans toutefois chercher à le reproduire de manière mécanique ou systématique mais aussi sans le rejeter automatiquement.

Le tableau ci-après donne une description des trois formes d'organisation et en précise les avantages et les inconvénients.

Formes d'organisation	Avantages	Inconvénients
Organisation ouverte		
La hiérarchie opérationnelle est responsable du projet. Le chef de projet a un rôle d'animateur et de coordinateur.	Faible dérangement de la hiérarchie opérationnelle. Facilité de mise en place. Efficacité si adhésion forte du personnel.	Nécessite une bonne communication entre la hiérarchie opérationnelle et le chef de projet. Oblige l'obtention du consensus entre les différents responsables. Rythme de progression lent, le projet pouvant passer après la réalisation du travail habituel.
Organisation fermée		
La hiérarchie opérationnelle n'est pas responsable du projet. Le chef de projet, autonome, est responsable des équipes et des moyens.	Forte remise en cause des habitudes. Possibilité d'aborder sans détour les vrais problèmes. Efficacité quand un choc salutaire est nécessaire.	Peut provoquer des réticences (du personnel et de l'encadrement) dans le cas de changements brutaux.

Organisation matricielle		
La hiérarchie opérationnelle et le chef de projet ont la responsabilité conjointe du projet.	Bon équilibre entre la hiérarchie opérationnelle et le chef de projet.	Nécessite une bonne expérience dans la conduite de projet de la part du responsable hiérarchique et du chef de projet. Recouvrements d'autorité possibles. Difficile à mettre en œuvre car peut entraîner des crises d'autorité.

Les trois formes d'organisation de projet

1.5. Pour un délai donné...

Délai : « temps accordé pour faire quelque chose ».

Tout projet se délimite dans le temps. Il comporte une durée et des dates calendaires.

La durée

La durée des différentes actions d'un projet et la durée totale de celui-ci doivent être évaluées avec une précision raisonnable.

Une bonne méthode d'estimation des charges doit permettre d'approcher au mieux le temps nécessaire à la réalisation du projet, c'est-à-dire le temps le plus probable.

Il est possible d'utiliser la technique des estimations pondérées pour déterminer la durée de chaque tâche :

- Évaluation de la durée « si tout se passe bien ».
- Évaluation de la durée « si tout se passe mal » c'est-à-dire si un ou plusieurs facteurs de risques venaient à se produire.
- Évaluation de la durée probable, c'est-à-dire la durée que prendrait le plus souvent la tâche si on la réalisait un grand nombre de fois.
- L'addition de la durée « si tout se passe bien », de la durée « si tout se passe mal » et de la durée « probable » (en lui donnant un coefficient 4), le tout divisé par 6 donne une estimation raisonnable.

Cette méthode, à condition que l'on n'ait pas oublié une tâche, que l'on ait interrogé les bonnes personnes et que l'on ait par la suite une bonne mise sous contrôle des risques associés aux tâches, permet une détermination assez précise de la durée totale du projet. Il suffit pour cela d'additionner les estimations calculées pour chacune des tâches du chemin critique.

Chef de projet, attention !

- Plus l'étendue entre la durée « si tout se passe bien » et la durée « si tout se passe mal » est grande, plus l'incertitude sur le respect des délais est importante, et donc plus vous devez être vigilant.

- Un bon chef de projet a toujours les yeux tournés vers les tâches à venir et plus précisément sur les aléas possibles.

Il est prudent de prévoir une provision (soupape de sécurité) à condition de respecter les principes suivants :

- Transparence totale pour l'ensemble des intervenants qui doivent contrôler l'utilisation de cette provision.
- Gestion rigoureuse de cette provision.

Il faut également porter attention à d'autres points :

- De même que les objectifs, les délais peuvent donner lieu à des arbitrages.
- Dans le cas de « petits projets », il est conseillé d'effectuer une planification et un suivi manuels. En revanche, si le projet dépasse une cinquantaine d'actions et une dizaine d'acteurs, il est souhaitable d'utiliser un logiciel de gestion de projets mettant en évidence les attendus réciproques.
- La tendance naturelle consiste à sous-estimer la durée totale du projet, soit par une sous-estimation de la durée de certaines actions, soit par un oubli de certaines actions (formation, reprise de l'existant), soit par absence de méthode d'estimation, de références ou de standards ou encore par manque d'expérience.

Les dates

Les dates de début et de fin de chaque tâche ou de chaque lot doivent être précisées en terme de calendrier.

⚠ Chef de projet, attention !

- Il ne suffit pas de respecter le temps imparti en nombre de jours/homme. Il faut aussi respecter l'échéance calendaire contractuelle. En effet, un projet peut respecter le temps imparti pour sa réalisation et ne pas respecter le délai, ce qui peut être lourd de conséquences : pénalités de retard, arrivée trop tardive sur un marché...

1.6. Avec des moyens définis...

Moyens : « ce que l'on utilise pour parvenir à une fin ».

Un moyen est une ressource mise à la disposition du projet. Il se traduit par des dépenses de personnel (externe ou interne) et l'acquisition d'outils ou de matériels.

Ces dépenses peuvent être de trois natures : des dépenses de développement, des dépenses d'investissement ou des dépenses de fonctionnement.

L'ensemble de ces dépenses constitue le budget du projet.

Les dépenses de développement

De même que les délais et les objectifs, les dépenses de développement orientent les travaux tout au long de la vie du projet (cette contrainte évite la dispersion des énergies : les scénarios seront par exemple plus ou moins nombreux et approfondis en fonction des budgets disponibles).

Ces dépenses interviennent essentiellement dans les phases de conception et de réalisation du projet.

Les dépenses d'investissement

Les dépenses d'investissement orientent le choix des solutions techniques. Il est inutile, par exemple, de proposer une solution informatique type E.R.P. si l'entreprise ne dispose pas de ressources financières suffisantes.

Ces dépenses interviennent essentiellement dans les phases de réalisation et de mise en œuvre du projet.

Les dépenses de fonctionnement

Les dépenses de fonctionnement doivent être prises en compte dans la sélection des investissements. Il est plus coûteux par exemple à une compagnie d'aviation d'entretenir une flotte d'avions de plusieurs constructeurs et modèles que le contraire (économies en formation des personnels techniques et navigants, en stocks de pièces détachées…).

Ces dépenses interviennent essentiellement dans la phase d'exploitation du projet (maintenance, salaires et charges, assurances, coûts induits).

(!) Chef de projet, attention !

- De même que les objectifs et les délais, les budgets peuvent donner lieu à des arbitrages.
- La tendance naturelle consiste à sous-estimer les budgets pour les « faire passer ».
- Il est fréquent d'oublier de prévoir les budgets d'exploitation et le temps passé par les bénéficiaires et les utilisateurs.
- Soyez le plus exhaustif possible dans l'identification des postes budgétaires.
- Dans certains cas le budget constitue la contrainte impérative du projet. On appelle cela faire du « *design to cost* ». Le principe de ce type de projet consiste à prendre le coût comme la contrainte majeure, et d'adapter les objectifs et les délais aux moyens tout au long du projet.

1.7. Nécessitant l'utilisation d'outils appropriés...

> *Outil : « instrument qui sert à effectuer un travail ».*

Le chef de projet doit utiliser un certain nombre d'outils techniques tout au long du management du projet dont il a la responsabilité.

Le management du projet consiste à organiser, gérer et animer. C'est la raison pour laquelle il doit utiliser des outils permettant de répondre à ces trois types de finalités.

Outils pour organiser le projet :

- L'organigramme technique de projet,
- La méthode P.E.R.T.,
- Le planning de Gantt.

Outils pour gérer le projet :

- Le tableau de bord,
- Le tableau des risques.

Outils pour animer le projet :

- Les rapports d'avancement,
- Le plan de communication.

L'organigramme technique de projet

L'organigramme technique de projet (O.T.P.) est un outil d'organisation du projet.

Cet outil permet, pour un projet atteignant un certain niveau de complexité, de définir, de façon exhaustive, son contenu.

Cette démarche revient à représenter de manière graphique le projet en le découpant par niveaux successifs jusqu'à un niveau de détail permettant à une bonne affectation, une planification et un contrôle opérant des travaux à réaliser.

Le découpage habituel consiste à décomposer :

- Le projet en sous-projets,

- Les sous-projets en tâches élémentaires (appelées dans les projets informatiques « *lots de travaux* »).

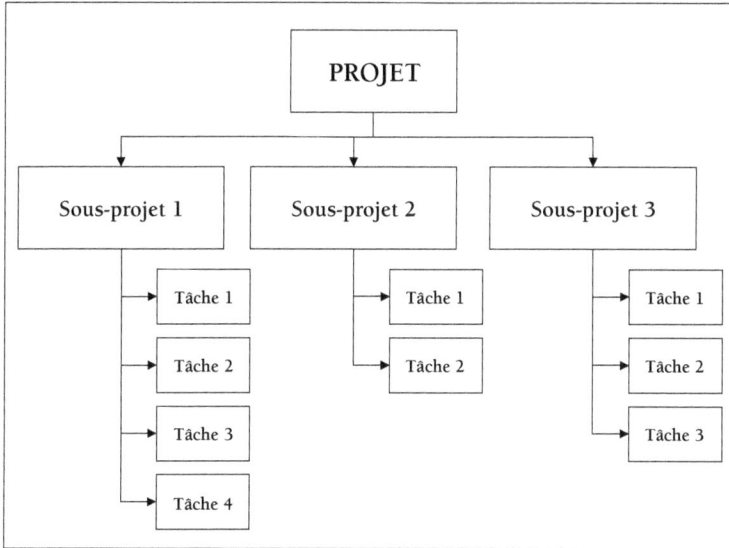

L'organigramme technique de projet

(!) *Chef de projet, attention !*

- Le niveau de découpage des tâches est déterminant. Un découpage trop fin peut alourdir le processus de suivi, un découpage pas suffisamment précis peut nuire à une bonne anticipation des dérapages éventuels et complique le suivi d'avancement.

• Un bon découpage est de nature à éviter les compensa-
tions trop fréquentes entre les gains et les pertes de certaines tâches.

La méthode P.E.R.T.

La méthode P.E.R.T. (Program Evaluation Review Technic) est un outil d'organisation du projet.

Méthode de planification, elle permet de coordonner les tâches qui doivent être réalisées pour atteindre les objectifs du projet.

Méthode statistique, elle donne des renseignements sur le degré d'incertitude de réalisation du projet dans les délais souhaités.

Méthode de pilotage, elle aide le chef de projet à prendre, ou à faire prendre par le Comité de pilotage, les décisions d'arbitrage :

• sur les objectifs (et donc les tâches à réaliser),
• sur les délais,
• sur les moyens.

⚠ Chef de projet, attention !

• La liste des tâches doit être exhaustive (elle correspond aux différents travaux à réaliser).

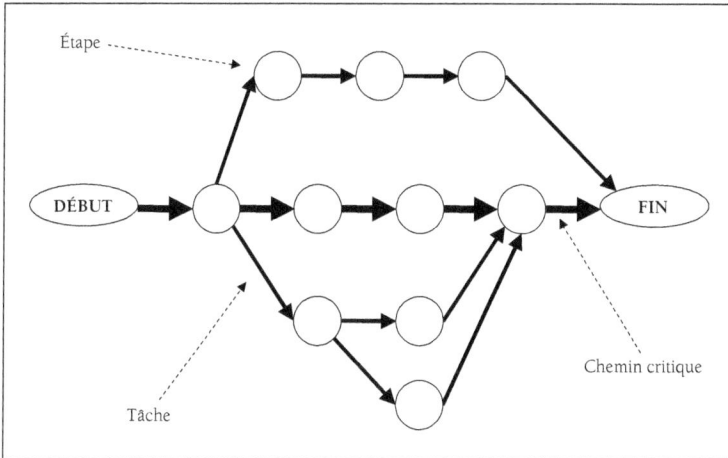

La méthode P.E.R.T.

- Les tâches doivent être représentées graphiquement sous la forme d'un réseau, mettant en évidence :
  ➥ Les tâches devant être réalisées à la suite les unes des autres,
  ➥ Les tâches qui peuvent être réalisées en parallèle.
- Le temps doit être évalué en retenant la durée la plus probable pour chacune des tâches.
- Le degré d'incertitude du respect de la durée prévue pour chaque tâche doit être déterminé.
- Le chemin critique doit être déterminé (succession des tâches devant être réalisées les unes après les autres et déterminant ainsi la durée totale du projet).

- « L'espace de liberté » doit être déterminé pour chaque tâche hors chemin critique.
- Pour chaque tâche, une réflexion de type « facteurs de risques » doit être réalisée :
  - ➡ Avant le commencement de la tâche, afin de limiter la probabilité d'apparition des aléas possibles,
  - ➡ En cas d'apparition d'un aléa en cours de tâche, afin d'en réduire les conséquences.

Le planning de Gantt

‖ **Le planning de Gantt est un outil d'organisation du projet.**

Il permet de connaître l'état d'avancement des travaux, et plus précisément de mettre en évidence tâche par tâche :

- Les ressources consommées,
- Les ressources restant à consommer,
- Les dépassements de ressources.

En ligne figurent les opérations à effectuer et en colonne le temps.

Chef de projet, attention !

- Au fur et à mesure de l'avancement des travaux, le planning doit être complété pour permettre une visualisation de la situation et ainsi prévoir les actions correctives qui s'imposent,

- Le temps restant à passer en valeur absolue (et les ressources correspondantes) ou en pourcentage ne doit pas être la simple différence entre le temps prévu et le temps consommé.

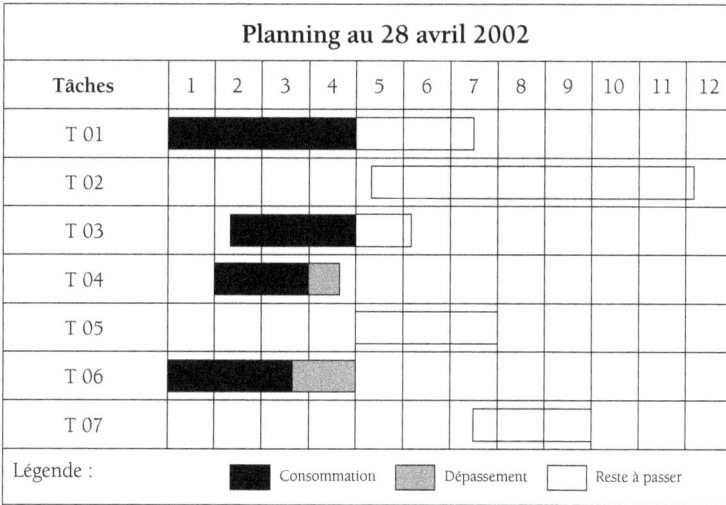

Planning au 28 avril 2002												
Tâches	1	2	3	4	5	6	7	8	9	10	11	12
T 01												
T 02												
T 03												
T 04												
T 05												
T 06												
T 07												
Légende :		Consommation		Dépassement			Reste à passer					

Le planning de Gantt

Le tableau de bord

Tableau de bord : « panneau où sont réunis les instruments de bord ».

Le tableau de bord est un outil de gestion de projet.

Le tableau de bord du chef de projet est constitué d'un ensemble d'indicateurs lui permettant de contrôler (au sens anglo-saxon du verbe « to control » : maîtriser) l'avancement du projet et les aléas. Pour être complet, il doit contenir différents types d'informations et prévisions :

- Échéances par action,
- Charge de travail par intervenant,
- Dépenses par poste budgétaire,
- État d'avancement général du projet,
- Portefeuille des risques.

Dans le cas d'un écart entre les prévisions et les réalisations, il revient au chef de projet de recadrer le projet dans les limites de son autonomie, puis d'en informer le Comité de pilotage. En revanche, si l'écart dépasse son niveau d'autonomie, il doit informer le Comité de pilotage pour demande d'action corrective.

⚠ Chef de projet, attention !

- Le « reste à passer » (c'est-à-dire le temps prévu pour terminer une action) ne correspond pas toujours à la différence entre le prévu et le consommé : il peut s'avérer être supérieur ou inférieur à ce dernier. Il doit donc être apprécié en fonction des tâches restant à faire ou en cours de réalisation.
- Les données liées au projet ou à l'équipe de réalisation peuvent évoluer tout au long de la réalisation. Ces évolutions doivent faire l'objet d'une négociation entre le chef

de projet et le Comité de pilotage, entre le Comité de pilotage et le Comité Stratégique, voire entre le Comité Stratégique et la Direction générale.

Les tableaux suivants donnent un exemple de compte-rendu individuel et de consolidation pour une équipe.

Projet : Chef de projet :		Sous-projet : Programmeur :					Lot : Semaine :	
Tâches	Charge estimée	Consommation					Charge estimée	Remarques :
		L	MA	ME	J	V		
T 01								
T 02								
T 03								
T 04								
T 05								
T 06								
T 07								
Total								

Le compte-rendu d'activité

Projet : Chef de projet :				Sous-projet : Semaine :			
Tâches	Charge estimée	Charge actualisée	Date de début	Date de fin	Date de fin actualisée	Écart	% réalisé
T 01							
T 02							
T 03							
Total Lot 1							
T 01							
T 02							
Total Lot 2							
Sous-projet							

Le tableau de suivi des charges

Trois types de décision peuvent être prises par le Comité stratégique :

- Modification des objectifs du projet,
- Réajustement des budgets (arbitrages inter-projets),
- Déplacement de l'échéance finale.

Trois types de décision peuvent être prises par le Comité de pilotage :

- Modification des objectifs intermédiaires du projet,
- Réajustement des budgets (arbitrages inter-actions),
- Déplacement de l'échéance de certaines actions.

Le tableau des risques

Le tableau des risques est un outil de gestion de projet.

Il est constitué du portefeuille des risques qui peuvent survenir dans le cadre du projet.

Pour chacun de ces risques, il est utile d'évaluer sa probabilité d'apparition et son impact en cas de survenance sur la réalisation des objectifs, la consommation de ressources et le respect de l'échéance du projet.

Chef de projet, attention !

- Le portefeuille de risques doit être établi dès le début du projet.
- Un soin particulier doit être apporté sur les risques classiques, c'est-à-dire ceux qui se produisent généralement à chaque projet dans l'entreprise…
- De même que le tableau de bord du projet doit être présenté en Comité de pilotage régulièrement, le portefeuille des risques doit être présenté et actualisé (des risques peuvent être annulés, d'autres rajoutés ou leur probabilité d'apparition ou leur gravité modifiée).

Le rapport d'avancement

Le rapport d'avancement est un outil d'animation du projet.

Outil de communication entre tous les acteurs du projet, il permet de :

* Synthétiser l'état d'avancement des travaux et des décisions prises,
* Homogénéiser le niveau de connaissance des différents acteurs,
* Entretenir la dynamique auprès des bénéficiaires.

Le tableau suivant donne un plan type de rapport d'avancement pour une tâche :

Projet :	Rédacteur :
Sous-projet :	Date :
Tâche :	N° rapport :

Travaux réalisés depuis le précédent rapport :

Problèmes rencontrés depuis le dernier rapport :

Décisions prises depuis le dernier rapport :

Travail à réaliser pour le prochain rapport :

% d'avancement général du projet :

Le rapport d'avancement

ⓘ *Chef de projet, attention !*

- Vous devez réaliser des points d'avancement à chaque fois que cela est nécessaire, c'est-à-dire au minimum :
  - ➡ A la fin de chaque tâche,
  - ➡ A la fin de chaque phase,
  - ➡ A la fin de chaque sous-projet,
  - ➡ A la fin du projet.
- Dans certains projets, le rapport d'avancement donne lieu à une communication auprès de l'ensemble des acteurs du projet.

Le plan de communication

Le plan de communication est un outil d'animation du projet.

Plan de communication Projet :				
Destinataires de l'information	Objectifs de l'information	Supports d'information	Émetteurs des informations	Dates clé de diffusion

Le plan de communication

Il consolide le dispositif de communication s'adressant à tous les acteurs concernés par le projet :

- Les différents Comités,
- Le maître d'ouvrage,
- Les bénéficiaires du projet,
- L'ensemble des personnels de l'entreprise.

Il présente aussi les moyens de communication qui seront utilisés : réunions, supports visuels, site intranet, conférences...

(!) *Chef de projet, attention !*

- La communication est un art difficile : pas assez ou trop d'information aura le même impact : le sentiment que l'on cache quelque chose de forcément pas avouable...
- Il est nécessaire d'adresser un message plutôt synthétique régulièrement à tous les acteurs concernés et des messages plus techniques et détaillés à des moments clés vers les catégories d'acteurs spécifiques.
- En fonction de la carte des forces en présence (décrivant l'attitude des différentes catégories d'acteurs en présence), il sera indispensable de conduire des actions de communication extrêmement ponctuelles et ciblées pour :
  - ➥ Mobiliser les personnes inactives,
  - ➥ Répondre aux demandes des personnes intéressées par le projet,
  - ➥ Négocier au mieux la coopération de certains acteurs,

➡ Utiliser le plus longtemps possible la dynamique des personnes montrant une adhésion forte au projet,

➡ Et favoriser la mise à l'écart des personnes qui montrent vis-à-vis du projet des attitudes d'opposition, voire d'hostilité pouvant nuire dangereusement à la réussite du projet.

Partie **2**

LE DÉROULEMENT DU PROJET

Cette deuxième partie présente les quatre phases succes-
sives de la conduite de tout projet : la conception, la
réalisation, la mise en œuvre et l'exploitation.

La méthodologie de conduite d'un projet

*Méthodologie : « ensemble de démarches raisonnées,
suivies, pour parvenir à un but ».*

Un projet nécessite l'utilisation d'une méthodologie. Loin de
constituer une contrainte, la méthodologie constitue un guide
qui facilite une action organisée.

Chef de projet, attention !

- Pendant la phase d'initialisation du projet, comme pendant les quatre autres phases, il est possible d'arrêter le
projet.
- Un grand projet a très souvent une durée supérieure à
une année, entre sa phase d'initialisation et sa mise en
œuvre. Cette durée peut entraîner des changements dans

les équipes concernées, ce qui renforce l'idée d'un référentiel commun trans-équipe.

- Entre l'amorce, la mise en place et la durée de vie d'un projet, il s'écoule plusieurs années. Il convient donc de prendre en compte, dans la mesure du raisonnable, les besoins futurs.

Le tableau ci-après présente le cycle de vie d'un grand projet.

Phases	Années									
	1	2	3	4	5	6	7	8	9	10
Initialisation	■									
Conception		■								
Réalisation			■							
Mise en œuvre					■					
Exploitation						■	■	■	■	■

Le cycle de vie d'un grand projet

L'histogramme suivant montre la succession des phases de conduite d'un projet, ainsi que les questions à se poser et se traduisant simplement par : « *go* » ou « *no go* ».

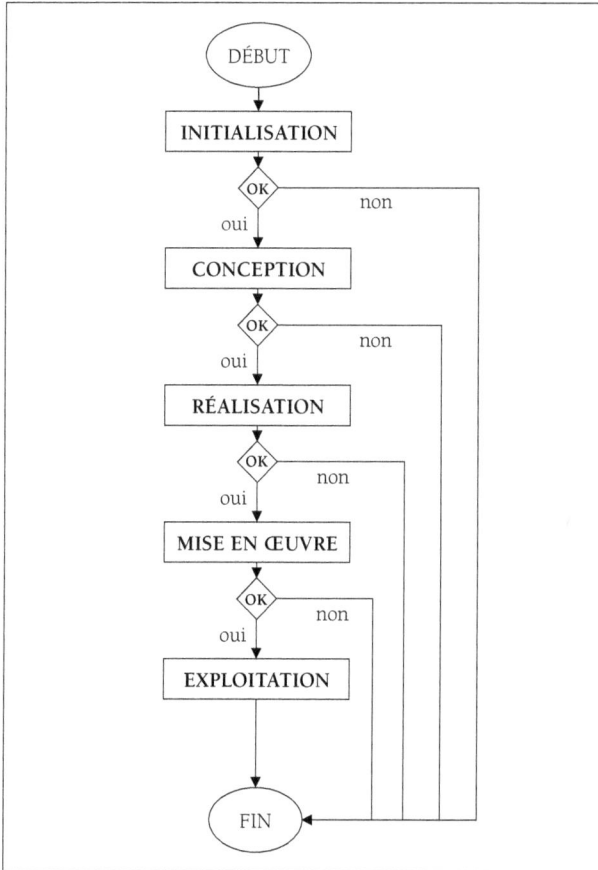

Les différentes phases d'un projet

LA CONCEPTION DE LA CIBLE

Conception : « action, façon de concevoir une idée,
création de l'imagination ».

La phase de conception débute par une idée et se termine par la rédaction d'un cahier des charges.

Dans le cas de grands projets, il est nécessaire de réaliser un dossier d'appel d'offres pour consulter des cabinets spécialisés.

Cette phase comprend trois étapes : la formalisation de l'idée, l'étude d'opportunité et l'élaboration du cahier des charges.

1. La formalisation de l'idée

Cette étape consiste à traduire et à formaliser l'idée de départ en plan d'actions concret. Cette formalisation est nécessaire car elle permet de clarifier les objectifs du projet.

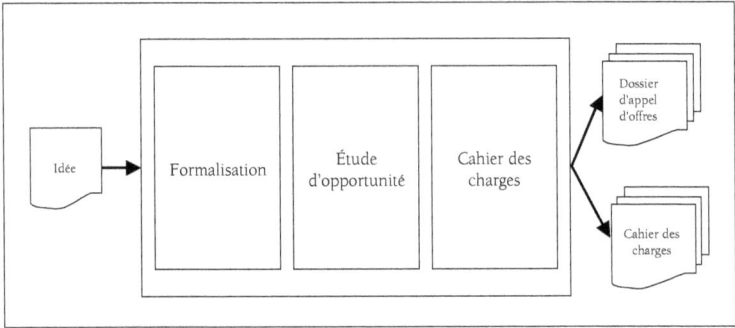

**Les documents en entrée et en sortie
de la phase de conception**

Elle permet :

- De concrétiser l'idée de départ, de la rendre accessible à tous,
- De dégager l'intérêt du projet en faisant apparaître ses avantages et ses inconvénients pour les bénéficiaires,
- De définir les conséquences prévisibles des objectifs pour l'environnement.

Cette formalisation doit être le résultat du travail du promoteur ou du maître d'ouvrage : elle précède l'étude d'opportunité.

Chef de projet, attention !

- Un projet est par nature complexe,

- Les principaux facteurs de complexité dépendent en partie :
  - ➡ Du nombre d'intervenants,
  - ➡ De la compétence des intervenants,
  - ➡ De l'expérience des intervenants,
  - ➡ Des impondérables,
  - ➡ Des conflits de priorité entre :
    - ▪ La production au quotidien,
    - ▪ Les travaux à réaliser dans le cadre du projet,
  - ➡ Du domaine traité (existence ou non de points de référence).

2. L'étude d'opportunité

Cette étape consiste à présenter plusieurs scénarios afin d'apprécier au mieux les enjeux et impacts pour l'entreprise.

⊘ *Chef de projet, attention !*

- Un bilan prévisionnel coûts-avantages doit accompagner la description des scénarios.
- Les parties intéressées doivent avoir dès le départ une compréhension commune de ce que recouvre le projet.
- L'étude d'opportunité peut conduire à l'arrêt ou au report du projet.

Dossier d'étude d'opportunité	
Structure : Rédacteur : Projet :	Date :
Objet :	
Objectifs et enjeux :	
Description de l'objet du changement :	
Acteurs :	
Impacts organisationnels et humains :	
Exigence de qualité :	
Volumes prévus :	
Coûts prévus :	
Délais de mise en œuvre :	

L'étude d'opportunité

3. L'élaboration du cahier des charges

Cette étape consiste à rédiger le cahier des charges ou le dossier de conception, c'est-à-dire décrire les caractéristiques et le contenu du projet.

(!) *Chef de projet, attention !*

* Dans ce dossier sera fait mention des différentes contraintes.
* Les objectifs doivent être déclinés selon quatre critères :
  ➥ Finalité,
  ➥ Justification économique,
  ➥ Délai,
  ➥ Contraintes à prendre en compte.

Pour mener à bien cette étape, il convient de :

* Réaliser un état des lieux,
* Prendre en compte le contexte,
* Évaluer l'impact du projet sur l'ensemble des directions ou services de l'entreprise,
* Prendre en compte les besoins actuels et futurs,
* Tenir compte de la disponibilité des ressources,
* Évaluer l'intérêt réel du projet pour l'entreprise et le personnel,
* Faire participer les bénéficiaires dans l'étape de collecte des besoins,
* Apprécier les éléments de complexité du projet.

1. Présentation générale du problème

1.1.   Projet
1.1.1.   Finalités
1.1.2.   Espérance de retour sur investissement
1.2.   Contexte
1.2.1.   Situation du projet par rapport aux autres projets de l'entreprise
1.2.2.   Études déjà effectuées
1.2.3.   Études menées sur des sujets voisins
1.2.4.   Suites prévues
1.2.5.   Nature de(s) prestation(s) demandée(s)
1.2.6.   Parties concernées par le déroulement du projet et ses résultats (demandeurs, utilisateurs)
1.2.7.   Caractère confidentiel s'il y a lieu
1.3.   Énoncé du besoin (finalités du produit pour le futur utilisateur tel que prévu par le demandeur)
1.4.   Environnement du produit recherché
1.4.1.   Liste exhaustive des éléments (personnes, équipements, matières, etc.) et contraintes qui constituent
l'environnement du produit du projet au cours de son utilisation et qui se trouvent en situation d'agir
sur lui ou de subir des actions ; éventuellement, indications des conditions particulières d'environnement
à d'autres moments si cela peut avoir une influence sur la conception du produit
1.4.2.   Caractéristiques concernées pour chaque élément de l'environnement

2. Expression fonctionnelle du besoin

2.1.   Fonctions de service et de contrainte
2.1.1.   Fonctions de service principales (qui sont la raison d'être du produit)
2.1.2.   Fonctions de service complémentaires (qui facilitent, améliorent ou complètent le service rendu et peuvent
être proposées sous forme optionnelle)
2.1.3.   Contraintes (qui sont des limitations à la liberté du concepteur-réalisateur jugées nécessaires
par le demandeur)
2.2.   Critères d'appréciation en soulignant ceux qui sont déterminants pour l'évaluation des réponses
2.3.   Niveaux des critères d'appréciation et ce qui les caractèrise
2.3.1.   Niveaux dont l'obtention est imposée
2.3.2.   Niveaux souhaités mais révisables, assortis de :
2.4.   Flexibilités, déjà définies comme l'ensemble des indications exprimées par le demandeur sur les possibilités
de moduler les niveaux

3. Cadre de réponse

3.1.   Pour chaque solution
3.1.1.   Solution proposée (qui est souvent commune à plusieurs fonctions)
3.1.2.   Niveau atteint pour chaque critère d'appréciation de cette fonction et les modalités de contrôle prévues par
le concepteur-réalisateur
3.1.3.   Part du prix attribué à chaque fonction, chaque fois que possible
3.1.4.   Justifications techniques et économiques du choix des principes retenus parmi les autres principes possibles
3.2.   Pour l'ensemble du produit
3.2.1.   Prix de réalisation de la version de base et des différentes options qui sont couvertes
3.2.2.   Options et variantes proposées non retenues au cahier des charges avec leur justification
3.2.3.   Mesures prises pour respecter les contraintes et leurs conséquences économiques
3.2.4.   Coûts d'installation, d'exploitation, de maintenance, etc. à prévoir
3.2.5.   Décomposition en sous-ensembles, en modules et la ventilation correspondante du prix
3.2.6.   Prévisions de fiabilité
3.2.7.   Perspectives d'évolution technologique (espérance de vie économique de la solution proposée)

Le cahier des charges

© Éditions d'Organisation

LA RÉALISATION
DE LA CIBLE

Réalisation : « action de rendre réel et effectif ».

La phase de réalisation débute par la réception du cahier des charges et se termine par le produit réalisé.

Cette phase comprend trois étapes : la préparation, l'exécution et la validation.

1. La préparation

Cette étape comprend la planification des tâches, la définition du programme et la mobilisation des ressources.

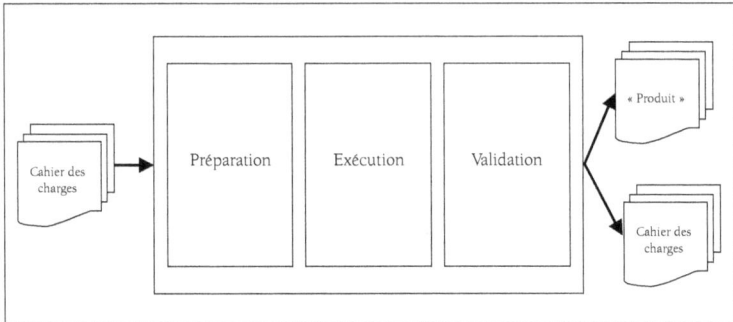

**Les documents en entrée et en sortie
de la phase de réalisation**

⚠ Chef de projet, attention !

- Assurez-vous que la logistique soit en place,
- Assurez-vous de la mise en place des outils de communication,
- Pensez à former votre équipe projet,
- Assurez-vous de l'appropriation des outils de conduite de projet par votre équipe projet.

2. L'exécution

Cette étape consiste à construire le produit fini qui répondra aux objectifs décrits dans le cahier des charges.

Il est utile de mettre en place des rendez-vous de concertation entre les différents partenaires afin de faciliter le contrôle du déroulement des tâches.

Chef de projet, attention !

- A ce stade, la fonction de régulation est très importante. C'est elle qui vous permettra de prendre en compte et de traiter les événements aléatoires nécessitant des modifications du scénario retenu pour atteindre les objectifs du projet,
- Il est préférable dans cette phase d'alléger les circuits d'information écrite et d'organiser une communication plus directe sous la forme de séances de travail courtes et organisées.

3. La validation

Cette étape permet de s'assurer de la conformité de la réalisation par rapport aux prévisions.

Il est nécessaire de prévoir, dans la mesure du possible, des séances de pré-validation.

Chef de projet, attention !

- Pour les projets de grandes tailles, il est utile de mettre en place un système de communication et d'information,

- Celui-ci permet aux bénéficiaires du projet de mieux vivre la durée (toujours trop longue) entre la phase de conception et la phase de mise en œuvre.
- Cette phase de réalisation doit faire l'objet d'un suivi très rigoureux,
- La planification doit être réalisée au niveau de chaque intervenant :
  ➡ Intervenants internes,
  ➡ Intervenants externes.

LA MISE EN ŒUVRE

Œuvre : « action, activité, travail ».

La phase de mise en œuvre débute par la réception du produit du projet et se termine par la rédaction du procès-verbal de réception par les bénéficiaires de ce dernier.

Cette phase marque l'achèvement des travaux.

Un bilan permet de vérifier l'atteinte des objectifs au regard du cahier des charges, de tirer les enseignements pour les projets futurs et donc de capitaliser l'expérience acquise. Pour cela, la base documentaire sera d'une grande importance.

Le travail de « contrôle-réception » doit impliquer les bénéficiaires du projet. Dans beaucoup de projets, selon leur nature, les travaux de validation ou de recette seront à la charge des bénéficiaires ou du maître d'ouvrage. Toutefois, ces travaux devront être menés en étroite collaboration avec le maître d'œuvre.

(!) Chef de projet, attention !

- Le procès-verbal de réception doit être signé par le maître d'ouvrage et le maître d'œuvre.
- Dans le procès-verbal de réception, il sera fait mention des différentes remarques du maître d'ouvrage au regard du produit livré et des spécifications du cahier des charges.
- Ces observations peuvent aller de simples remarques au refus de qualifier le produit.

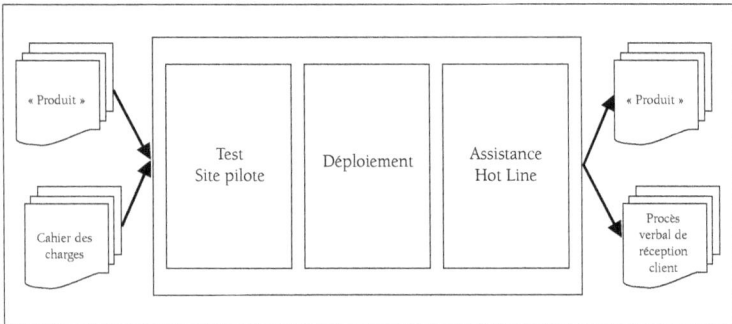

Les documents en entrée et en sortie de la phase de mise en œuvre

1. Le test ou site pilote

Dans les projets concernant de nombreux bénéficiaires, il est prudent de procéder à un test avant déploiement.

Ce test permet d'évaluer, en situation, la performance du résultat du projet et de réaliser les ajustements nécessaires (favorisant le confort des utilisateurs par exemple).

Chef de projet, attention !

- La durée du test doit permettre la réalisation d'un vrai test, sur un cycle complet caractéristique au minimum.
- Dans certains cas, il est nécessaire de concevoir des kits pédagogiques de formation pour les bénéficiaires du projet.

2. Le déploiement

Le déploiement intervient après que les résultats du site pilote aient été validés par toutes les parties prenantes.

Le déploiement consiste à installer dans chacun des sites concernés l'outil, l'organisation, les règles de gestion... définis dans le projet et testés dans le cadre du site pilote.

Le déploiement contient plusieurs aspects :

- Aspects techniques : installation des machines, des matériels, des logiciels…,
- Aspects humains : formation des utilisateurs, assistance sur place et/ou à distance,
- Aspects procédures : rédaction des guides de procédures, conception du système de contrôle interne…

(!) Chef de projet, attention !

- Le déploiement nécessite un important travail d'organisation si l'on souhaite déployer par exemple un nouvel outil dans plusieurs sites dans une durée courte.
- Certains outils sont très long à déployer car nécessitant des déplacements (application en « client-serveur » par exemple), d'autres peuvent se faire par Internet, ce qui constitue un gain de temps et de ressources appréciables.
- Vous devez choisir votre stratégie de déploiement : un site après l'autre, tous les sites en même temps, une partie de la solution ou la totalité de la solution (style « big bang »).

3. L'assistance utilisateurs – Hot line

L'assistance utilisateurs consiste à apporter aux utilisateurs une assistance à distance.

Cette assistance à distance se fait grâce au téléphone (et une équipe de télé-opérateurs) ou par messagerie Internet (forum, messagerie, accès à une base de données). Il est aussi possible à la hot line de « prendre la main » sur le poste de travail informatisé des utilisateurs à distance afin de réaliser à leur place certaines opérations.

! Chef de projet, attention !

- Une hot line nécessite une équipe entraînée à remplir ce rôle car ce travail demande beaucoup de diplomatie et de savoir faire.
- Il est important de rapidement constituer une base de données des difficultés et problèmes rencontrés par les utilisateurs afin de les prendre en compte : formations complémentaires, demande de travaux de maintenance…

L'EXPLOITATION

*Exploitation : « action d'exploiter, de tirer profit
d'une chose que l'on fait produire ».*

**La phase d'exploitation débute après la qualification du produit
par le maître d'ouvrage et se termine par la rédaction du bilan
final.**

Cette phase permet de clôturer le projet.
Pour mener à bien cette phase, le chef de projet doit planifier
une période d'accompagnement. Celle-ci doit permettre la
mise au point et les perfectionnements de nature à augmenter
la satisfaction des bénéficiaires.

Chef de projet, attention !

- Dans le cadre d'un grand projet, le bilan final, comprenant
  l'analyse des problèmes rencontrés, les commentaires et
  les résultats obtenus, doit être transmis à la Direction
  générale.

- Lors de cette phase, le chef de projet doit s'assurer de la mise à jour de la documentation technique afin de faciliter la maintenance curative ou une évolution ultérieure.
- Une réunion de synthèse doit être réalisée avant de dissoudre l'organisation. Cette réunion doit permettre la réalisation d'un bilan collectif visant à tirer les enseignements pour les projets à venir.

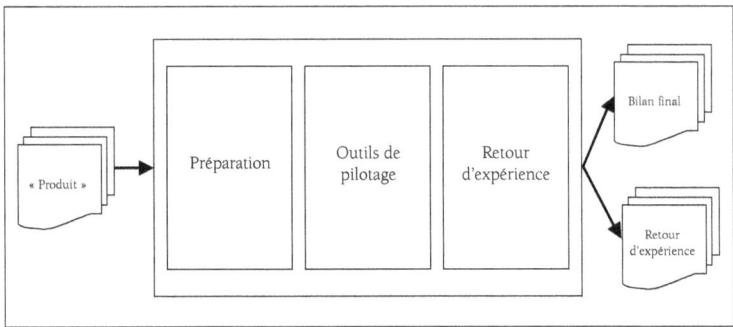

Les documents en entrée et en sortie
de la phase d'exploitation

1. Les outils de pilotage, de contrôle interne et d'assurance qualité

A la fin du projet doivent être mis en place les éléments qui permettront au produit du projet (système d'information, processus reconfiguré, entité ré-organisée...) d'avoir durablement le niveau de performance attendu au départ.

Ce dispositif se compose de trois éléments :

- Des outils de pilotage, essentiellement composés d'indicateurs de contrôle et d'actions de régulation en cas de survenance de dysfonctionnements constatés,
- Un système de contrôle interne garantissant la sécurité des opérations ou traitements,
- Un système d'assurance qualité favorisant la mise en place d'une dynamique de progrès permanent orientée clients.

(!) Chef de projet, attention !

- Il est utile de faire valider par les fonctions audit/contrôle certains produits du projet : les habilitations informatiques, les règles de sauvegarde et de back-up des données et des programmes, les procédures de traitement (sous l'angle de l'exhaustivité des traitements, de la réalité, de la séparation des fonctions, etc.),
- La certification I.S.O. n'est pas une fin en soi. En revanche, elle constitue un excellent prétexte à une dynamique de progrès permanent.

2. Le bilan du projet

Le bilan de projet est un exercice trop souvent négligé par les acteurs d'un projet. Il ne s'agit pas ici de faire une autocritique négative mais de capitaliser sur l'expérience collective vécue. N'oublions pas qu'un projet peut avoir une durée de plusieurs années et concerner plusieurs centaines de personnes. Cela vaut la peine de passer quelques heures en débriefing !

Dans un débriefing, il est utile de :

- Faire la liste des risques et aléas non prévus auxquels il a fallu faire face (il serait dommage que les mêmes risques se reproduisent à l'avenir dans un projet de même nature),
- Inventorier les trucs et astuces qui ont permis de gagner du temps, de faire prendre rapidement les décisions, de combiner des tâches afin de mieux rentabiliser les ressources, …

⚠ *Chef de projet, attention !*

- Le bilan du projet doit être factuel. Pour se faire, il est utile de remonter le temps et de partir des documents initiaux : étude d'opportunité, cahier des charges…, des documents intermédiaires : rapports d'avancement, compte-rendu de décision et des documents finaux : PV de recette.
- Le bilan du projet doit se faire dans un esprit positif, ce qui veut dire que, si le projet s'est mal déroulé, il est facile de trouver un bouc émissaire mais cela ne trompe personne et fait pas avancer les choses…

3. Le retour d'expérience

Le retour d'expérience constitue le processus indispensable pour que l'entreprise soit en mesure de tirer vraiment partie de ce qu'elle a de plus précieux : les expériences individuelles et collectives de ses membres.

Par manque de processus organisé, parce que tous les acteurs sont pris par le temps, ce processus est souvent trop peu développé en fin de projet et l'expérience rarement partagée et capitalisée.

Chef de projet, attention !

- Le retour d'expérience est un exercice difficile qui ne doit pas être réservé qu'à la seule équipe projet.
- La capitalisation des expériences et le transfert des compétences doivent être organisés. Il peut être pertinent à ce titre de créer une base de données spécifique REX (retour d'expérience) qui permet à tout chef de projet de bénéficier de l'expérience collective. Cette base de données peut être située dans le périmètre de la fonction Qualité.

Partie **3**

EXEMPLES DE MÉTHODOLOGIES

Cette troisième partie présente les spécificités propres à deux natures de projets informatiques :

- Les projets de développement d'une nouvelle application informatique,
- Les projets d'intégration d'un progiciel informatique dans un système existant.

3.1. Projet de développement d'une application informatique

Les entreprises se structurent de plus en plus autour de leur système d'information. C'est la raison pour laquelle les projets informatiques ont, plus que tout autre, une obligation de réussite.

Les projets informatiques se caractérisent par des contraintes de temps (temps d'étude, de formation, de mise en place,…), de budgets (importants et allant croissants) et des remises en cause des structures et des méthodes de travail.

Les projets informatiques doivent s'inscrire dans une logique d'ensemble.

Un schéma directeur informatique doit préciser l'architecture globale du système d'information (données et traitements).

Un plan informatique annuel doit préciser la planification des travaux.

Un comité informatique doit veiller à la qualité et à la sécurité des développements.

Le département informatique doit être structuré autour de trois fonctions distinctes qui vont intervenir, tour à tour ou de façon concomitante dans le projet :

- La fonction d'études chargée de mener à bien la réalisation des projets depuis la prise de connaissance des besoins jusqu'à la mise en œuvre des solutions.
- La fonction organisation et méthodes chargée de la cohérence générale du système d'information.
- La fonction de production chargée de la gestion des traitements de l'information et de l'ordonnancement des travaux, avec une cellule méthodes et procédures qui contrôle la validité des tâches issues des études.

Les projets de développement informatiques sont souvent classés en deux catégories :

- Les projets de maintenance (modification d'une application informatique existante) :
  - ➥ Ils n'entraînent pas de remise en cause des structures des données.
  - ➥ Ils ne modifient pas les conditions de production des résultats.
  - ➥ Leur étendue ne nécessite pas la mise en place d'une organisation adaptée.

➦ Ils produisent leurs effets à court terme (correction d'anomalies).

➦ Ils ne font l'objet que d'une demande écrite de modification d'application adressée au réalisateur informatique.

- Les projets de conception (développement d'une nouvelle application informatique) :
  ➦ Ils résultent de changements d'objectifs de gestion de l'entreprise.
  ➦ Leur effet porte à moyen-long terme.
  ➦ Ils nécessitent des moyens et des délais de réalisation souvent importants, justifiant la mise en place d'une organisation et d'une gestion spécifique de projet.
  ➦ Ils font souvent intervenir de nombreux participants entre lesquels des liaisons horizontales doivent être établies.
  ➦ Ils ont des impacts sur l'organisation de l'entreprise.

Le bon déroulement d'un projet informatique nécessite que chaque intervenant soit clairement désigné et qu'il assume, en temps utile, ses responsabilités.

Pour simplifier, on regroupe les acteurs sous trois intitulés :

- Le promoteur (Comité stratégique).
- Le réalisateur (Comité de pilotage, chef de projet et équipe projet composée en grande partie d'informaticiens, de consultants et d'experts métier).
- Les utilisateurs (bénéficiaires).

(!) Chef de projet, attention !

- Les projets informatiques font appel à une double compétence technique et fonctionnelle (connaissance métier), d'où la nécessité pour tout projet informatique de s'appuyer sur un binôme composé d'un chef de projet utilisateur et d'un chef de projet informaticien.

Le tableau ci-après détaille les différentes phases d'un projet informatique en précisant le point de départ, les documents à rédiger et le point d'arrivée de chacune des quatre phases.

1. La phase de conception

Cette phase comprend quatre étapes : l'expression des besoins, l'étude d'opportunité, l'étude du système d'information et le cahier des charges fonctionnel.

L'expression des besoins

L'objectif de cette étape est de proposer qu'une application informatique soit modifiée ou créée à partir d'une expression de besoins.

L'expression de besoins provient du promoteur. Cependant, toute personne dans l'entreprise peut être à l'initiative d'une demande adressée au promoteur.

Phases	Point de départ	Document à rédiger	Point d'arrivée
Phase de conception			
Expression des besoins	Idée d'automatisation	Fiche d'application	Inscription au schéma directeur
Étude d'opportunité	Lancement de l'étude d'opportunité	Rapport d'étude d'opportunité	Inscription au plan informatique
Étude du système d'information	Plan informatique	Dossier d'étude du système d'information	Approbation par le réalisateur
Élaboration du cahier des charges fonctionnel	Accord du réalisateur du dossier d'étude du système	Cahier des charges	Accord sur les conditions nécessaires à la réalisation du programme
Phase de réalisation			
Étude du système informatique	Cahier des charges et dossier d'étude du système d'information	Dossier d'étude du système informatique et de programmation	Approbation du chef de projet et des responsables de l'informatique
Programmation et essais	Dossier de programmation	Dossier de programme	Validation des essais par l'équipe de réalisation
Phase de mise en œuvre			
Réception provisoire du système par les utilisateurs	Fonctions et tâches validées par les essais	Dossier d'exploitation et manuel d'utilisation	Réception provisoire du système informatique par les utilisateurs et par le service méthodes et procédures
Lancement sous contrôle	Réception provisoire	Bilan de l'étude	Mise en exploitation
Phase d'exploitation			
Évaluation de l'application	Mise en exploitation autonome	Rapport d'évaluation	Fin de réalisation
Évaluation du projet	Exploitation courante	Rapport d'évaluation	Fin du projet

Les quatre phases d'un projet informatique

☛ Pour mener à bien cette étape, chef de projet, vous devez :

- Identifier le promoteur et les utilisateurs car ils peuvent être rattachés à des directions différentes (Direction générale, une Direction, un service utilisateur ou le service informatique).

- Identifier tous les acteurs concernés par le projet (l'opération d'automatisation proposée peut concerner plusieurs directions ou services et entraîner des problèmes d'interdépendance).

- Délimiter le contexte et le champ d'action de l'application (géographique, fonctionnel, administratif,...).

- Dégager l'intérêt de l'application en faisant apparaître les avantages qualitatifs et quantitatifs escomptés (valeur attendue).

- Définir les conséquences prévisibles des objectifs projetés pour le personnel.

- Définir les contraintes spécifiques de l'application (organisationnelles, techniques et humaines).

- Établir un calendrier global de l'opération d'automatisation et en déduire les contraintes de temps, les dates souhaitées pour le démarrage de l'étude d'opportunité et l'inscription au plan informatique.

- Aider les utilisateurs à définir ou exprimer leurs besoins.

- Éviter une approche trop technicienne lors du recensement des besoins.

L'étude d'opportunité

L'objectif de cette étape est de présenter un ou plusieurs scénarios de réalisation. Un bilan prévisionnel coûts/avantages, accompagne la description de chaque scénario.

L'étude d'opportunité est placée sous l'autorité de la maîtrise d'œuvre (promoteur). Le promoteur, durant cette étape, identifie parmi les utilisateurs le chef de projet utilisateur et anime le groupe chargé de l'étude d'opportunité.

Chef de projet, attention !

- Le niveau de détail de l'étude d'opportunité et par conséquent des estimations qu'il convient d'effectuer doit se négocier entre le promoteur et le groupe d'étude.

Le tableau ci-après donne un exemple de plan d'un dossier d'étude d'opportunité.

☛ Pour mener à bien cette étape, chef de projet, vous devez :
- Animer le groupe.
- Préciser les fonctions souhaitées.
- Préciser les ressources disponibles.
- Évaluer la charge de travail et le calendrier pour l'étude d'opportunité.
- Définir les méthodes de travail et le rôle de chaque participant ainsi que le calendrier prévisionnel.

Présentation du problème
Connaissance du système d'information
Structures et finalités
Modèle organisationnel des traitements
Contraintes
Modèle conceptuel des traitements
Modèle conceptuel des données
Inconvénients
Bilan provisoire de l'étude
Rapport d'objectifs
MCT & MCD du système futur
Sélection des orientations
Conclusions provisoires
Solutions envisagées pour le futur système

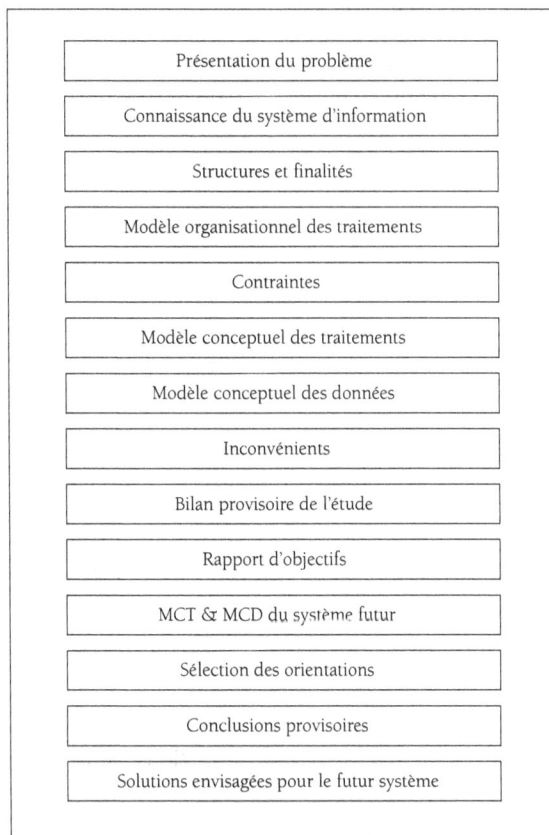

Le dossier d'étude d'opportunité

Les parties intéressées doivent avoir dès le départ une compréhension commune de ce que recouvre le projet.

Il est donc nécessaire de rappeler :

* La position du problème.
* Son contexte et ses limites.
* Les responsabilités et les rôles des interlocuteurs.

ⓘ *Chef de projet, attention !*

* Tout projet se définit par rapport à sa situation existante. Il convient donc d'aborder l'étude dans l'ordre suivant :
    * ➥ Prendre connaissance du système d'information existant et des besoins.
    * ➥ Élaborer des variantes pour le système futur en fonction des objectifs et des critères de succès.
    * ➥ Étudier la faisabilité des solutions et élaborer les calendriers de mise en place.

Le tableau ci-après donne un exemple de contenu d'un dossier d'étude de faisabilité.

L'étude du système d'information

L'objectif de cette étape est de définir les spécifications du futur système d'information tant sur le plan de l'organisation que des fonctions à réaliser.

L'étude du système d'information est placée sous la maîtrise d'œuvre de l'utilisateur principalement concerné. Au cours de cette étape de conception du système, le réalisateur doit le cas échéant remettre en cause certaines demandes en soulignant les incidences financières qu'elles peuvent entraîner.

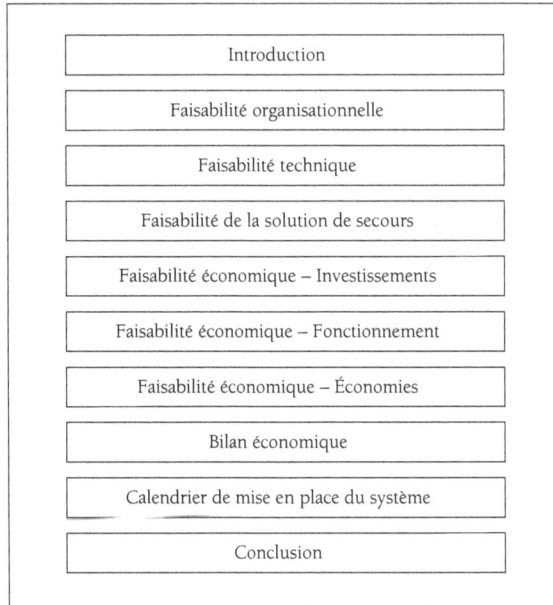

Introduction
Faisabilité organisationnelle
Faisabilité technique
Faisabilité de la solution de secours
Faisabilité économique – Investissements
Faisabilité économique – Fonctionnement
Faisabilité économique – Économies
Bilan économique
Calendrier de mise en place du système
Conclusion

Le dossier d'étude de faisabilité

(!) *Chef de projet, attention !*

- Toute variante moins coûteuse susceptible d'assurer une qualité de service suffisante doit être proposée après consultation de l'utilisateur.

• Toujours avoir à l'esprit l'approche coût/objectif qui permet d'optimiser les dépenses informatiques.

Le tableau ci-après donne un exemple de contenu d'un dossier d'étude du système d'information.

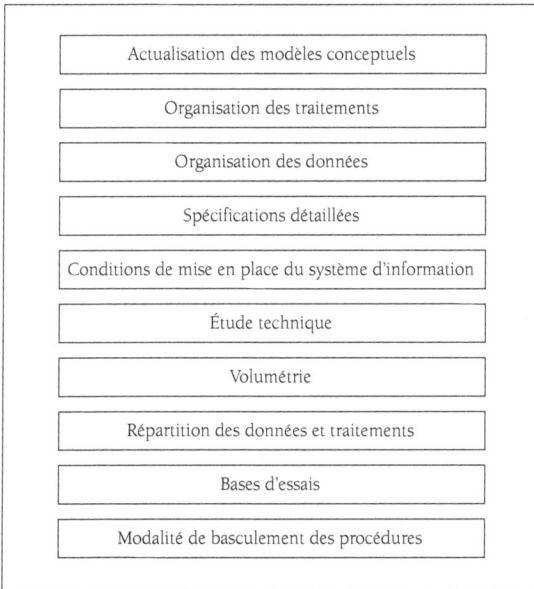

| Actualisation des modèles conceptuels |
| Organisation des traitements |
| Organisation des données |
| Spécifications détaillées |
| Conditions de mise en place du système d'information |
| Étude technique |
| Volumétrie |
| Répartition des données et traitements |
| Bases d'essais |
| Modalité de basculement des procédures |

Le dossier d'étude du système d'information

☛ Pour mener à bien cette étape, chef de projet, vous devez :
• Définir et arrêter les spécifications détaillées du système d'information tant sur le plan de l'organisation que sur le

plan des fonctions à réaliser à partir de la variante rete-
nue à l'étape précédente.
• Faire attention au fait que, en général, les systèmes existant
et futur sont exploités en parallèle pendant une certaine
période (spécificité propre aux projets informatiques).

Il est donc important de se préoccuper des problèmes que
poseront :

• L'adaptation aux nouvelles procédures.
• La sélection et copie des données nécessaires à la consti-
tution du jeu d'essai utilisateur, dans le système existant.
• Les interfaces.
• Le contrôle de la validité des résultats.

Évaluer le projet informatique, ce qui équivaut à faire un
devis...

• Quelle valeur attendre ?
• Pour quels services rendus ?
• Pour quel coût ?

... et à effectuer une liste des services ou fonctions attendus :

• Fonctions de service (fonction principale et fonction(s)
secondaire(s)).
• Fonctions d'estime.
• Fonctions techniques (contraintes).

Croiser les objectifs généraux de l'entreprise et les fonctions.

Le tableau ci-après donne un exemple de tableau croisé « objectifs/fonctions ».

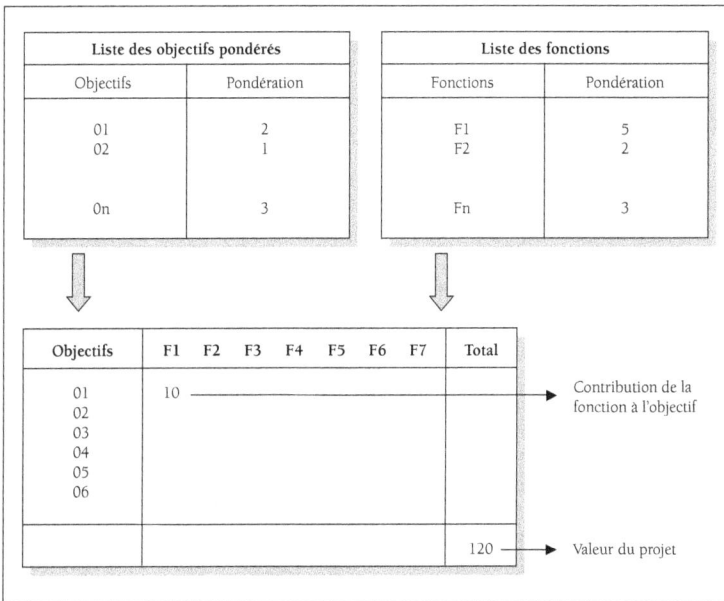

Liste des objectifs pondérés		Liste des fonctions	
Objectifs	Pondération	Fonctions	Pondération
01	2	F1	5
02	1	F2	2
0n	3	Fn	3

Objectifs	F1	F2	F3	F4	F5	F6	F7	Total	
01	10								Contribution de la fonction à l'objectif
02									
03									
04									
05									
06									
								120	Valeur du projet

Le tableau croisé « Objectifs/Fonctions »

! *Chef de projet, attention !*

- Cette étape est indispensable pour mieux cerner les coûts des matériels en vue de la rédaction du cahier des charges.

Le cahier des charges fonctionnel

L'objectif de cette étape est de préciser les charges, les délais, le calendrier et les coûts afin de décrire les conditions de réalisation de l'opération pour les utilisateurs et les informaticiens.

Chef de projet, attention !

- Le cahier des charges fonctionnel peut proposer un développement de l'application informatique en plusieurs phases. Dans ce cas, une fiche de lancement est rédigée pour chaque réalisation partielle.
- Chef de projet, vous devez préciser les conditions contractuelles de réalisation du projet. Dans cette étape, la définition de la stratégie de développement doit permettre une réalisation coordonnée des produits informatiques et des tâches d'organisation.

☛ Pour mener à bien cette étape, chef de projet, vous devez :

- Élaborer le graphe d'enchaînement des objectifs à réaliser (O.T.P.) en tenant compte des contraintes et des priorités de chaque équipe ou groupe d'activités.
- Préciser le processus de réalisation de ces objectifs par rapport à l'existant.
- Préciser de quelle façon les objectifs deviendront opérationnels (conversion au nouveau système).
- Pour chaque objectif de réalisation, mettre au regard les besoins nécessaires à la mise en œuvre de la fonction réalisée.

- Évaluer les volumes d'informations (entrées, sorties, données à saisir préalablement, fichiers,...).
- Évaluer les contraintes de fonctionnement (surtout si le projet doit déboucher sur une procédure d'appel d'offres) :
  - ➥ L'environnement du projet,
  - ➥ Les temps de réponse,
  - ➥ La disponibilité requise,
  - ➥ Le niveau de confidentialité et de sécurité,
  - ➥ Les modalités d'exploitation,
  - ➥ L'évolution prévisible...
- Évaluer les charges de réalisation pour :
  - ➥ L'informatique (documentation, formation, mise au point, étude du système, programmation, création de fichiers,...),
  - ➥ Les utilisateurs (formation, mise en place de la nouvelle organisation, élaboration des jeux d'essai pour la recette,...).
- Évaluer les coûts de réalisation pour chaque objectif (formation, matériels, développement, aménagement,...),
- En déduire un échéancier pour les investissements,
- Comparer ces coûts aux prévisions de l'étude d'opportunité.
- Calculer les charges de fonctionnement du nouveau système et en déterminer les économies.
- Définir le calendrier de mise en place du nouveau système.
- Mettre en évidence les dates clé :
  - ➥ Formation,
  - ➥ Réception provisoire,
  - ➥ Livraison du matériel et des différents lots,

➥ Mise en exploitation.
• Faire le bilan économique.
• Comparer ce bilan à celui de l'étude d'opportunité.

ⓘ Chef de projet, attention !

• Pour les systèmes intermédiaires, il convient pareillement d'élaborer des cahiers des charges spécifiques.

2. La phase de réalisation

Cette phase comprend deux étapes : l'étude du système d'information et la programmation et essais.

L'étude du système d'information

L'objectif de cette étape est de concevoir une solution informatique (sous l'angle technique) respectant les contraintes de l'étude du système d'information. Ce dernier est placé sous la responsabilité du réalisateur.

☛ Pour mener à bien cette étape, chef de projet, vous devez réaliser l'analyse des points suivants :

• L'organisation des fichiers, leur gestion et leur protection.
• Les traitements batch (favoriser les traitements modulaires et ne pas oublier d'évaluer les temps de traitement de chaque activité et les temps de tri).

- Les transactions (ne pas oublier les procédures de reprise).
- La programmation.

⚠ *Chef de projet, attention !*

- Un bon programme résulte d'une conception simple et directe dont dépendront l'efficacité de l'exploitation et la facilité de maintenance.
- N'oubliez pas de faire mettre à jour la documentation par les programmeurs.
- Favorisez la réduction du nombre de calculs de toute expression complexe.
- Exigez l'écriture d'une seule instruction par ligne.

La programmation et les essais

Cette étape permet de traduire la solution informatique dans le langage adapté aux fonctions à réaliser et de vérifier les résultats obtenus au moyen de jeux d'essais.

La programmation et les essais sont placés sous la responsabilité du réalisateur.

☞ Pour mener à bien cette étape, chef de projet, vous devez :

- Programmer et réaliser des essais :
    - ➥ Pour chaque module (test unitaire),
    - ➥ Pour l'ensemble d'une fonction (test d'enchaînement ou d'intégration).

- Vous assurer que l'exploitation peut assumer la charge des essais.
- Rechercher s'il existe un programme qui permette de générer des données d'essais.
- Tester les tâches de reprise et les procédures de fonctionnement dégradé.
- Prendre soin de relever le temps passé à chaque activité ou module (conception, mise au point, documentation).
- Expliquer les écarts par rapport aux prévisions.

3. La phase de mise en œuvre

Cette phase comprend deux étapes : la réception provisoire et le lancement sous contrôle.

La réception provisoire du système

L'objectif de cette étape est de s'assurer du bon fonctionnement du nouveau système tel que prévu dans l'étude du système d'information (cahier des charges ou dossier d'analyse fonctionnel).

La réception provisoire du système est placée sous la responsabilité du service méthodes et des utilisateurs qui doivent vérifier la compatibilité du système avec les normes d'exploitation.

☛ Pour mener à bien cette étape, chef de projet, vous devez :

- Fournir aux utilisateurs des données d'essai et de vérification des résultats.

- Élaborer un plan de test comprenant :
  - ➡ Les scénarios de test,
  - ➡ L'environnement de test,
  - ➡ Les fiches de test,
  - ➡ Les résultats attendus,
  - ➡ La prévision des passages sur le site central.

⚠ *Chef de projet, attention !*

- L'utilisateur doit prévoir un maximum d'essais afin de limiter les interventions en phase d'exploitation.
- Ne réduire en aucun cas le volume des tests pour les raisons suivantes :
  - ➡ Données difficiles à obtenir,
  - ➡ Comparaison des résultats fastidieux,
  - ➡ Fonctionnement en double prévu.
- Le manuel utilisateur mis au point par les utilisateurs et le réalisateur doit être testé au cours de cette étape.

Le lancement sous contrôle

L'objectif de cette étape est d'analyser le comportement du nouveau système dans les conditions réelles d'exploitation et ce sur une période significative.

Si les conclusions sont favorables, les utilisateurs donnent leur accord pour le démarrage autonome du nouveau système.

Le lancement sous contrôle est de la responsabilité du réalisateur et des utilisateurs.

(!) Chef de projet, attention !

- Cette étape est d'une durée variable selon les projets.
- Cette étape peut se prolonger sur plusieurs périodes de fonctionnement.
- Avant d'effectuer le lancement sous contrôle, vous devez vous assurer :
  ➥ De la création des fichiers permanents et de leur validité,
  ➥ De la mise en service des nouveaux documents,
  ➥ De la mise en production et du bon fonctionnement du matériel,
- L'exploitation en vraie grandeur demande une préparation parfaite :
  ➥ Vous devez définir les divers postes de suivi chez les utilisateurs et à l'informatique,
  ➥ Vous devez comparer les résultats fournis par les deux systèmes,
  ➥ Vous devez penser à rédiger un mode d'emploi comparatif des documents entre les deux systèmes.

4. La phase d'exploitation

Cette phase comprend deux étapes : l'évaluation de l'application et l'évaluation du projet.

L'évaluation de l'application

Cette étape est facultative. Elle est mise en œuvre par le département informatique dans le cas où le fonctionnement du système informatique ne donne pas entière satisfaction.

L'évaluation d'application est placée sous la responsabilité conjointe du réalisateur et des utilisateurs.

☞ Pour mener à bien cette étape, chef de projet, vous devez :
- Recenser les modifications,
- Assurer la disponibilité et la qualité des résultats,
- Rédiger le rapport d'évaluation (actions correctives et recommandations destinées aux responsables utilisateurs et informaticiens).

L'évaluation du projet

Cette étape clôture le projet. Elle a pour objectif de vérifier que les résultats obtenus et les changements réalisés correspondent parfaitement aux objectifs du cahier des charges fonctionnel.

L'évaluation du projet est placée sous la responsabilité conjointe des utilisateurs et du réalisateur.

☞ Pour mener à bien cette étape, chef de projet, vous devez :
- Lister, à la vue du bilan, les recommandations nécessitant des modifications.

(!) Chef de projet, attention !

- Le rapport d'évaluation indique dans quelle mesure les objectifs ont été atteints et analyse les raisons pour lesquelles des écarts apparaissent entre les prévisions et la réalisation.
- Cette étape est une occasion de dégager des conclusions d'intérêt général.
- Chaque projet doit participer à l'amélioration du savoir-faire des équipes de projet.

Le projet sera considéré comme un succès si :

- Les résultats sont fiables,
- Les performances sont satisfaisantes,
- La sécurité est assurée,
- Le service est fourni pour un coût raisonnable,
- Le rapport coût/service comporte une marge d'amélioration potentielle.

3.2. Projet d'intégration d'un progiciel

Certaines différences existent entre un projet de développement communément appelé « spécifique » et un projet d'intégration d'un progiciel.

Dans le cas de mise en œuvre d'un progiciel, une étape de choix du progiciel en question s'impose. Un dossier d'appel d'offres est nécessaire pour sélectionner celui-ci.

Pour sélectionner le progiciel, il est nécessaire de respecter les étapes présentées dans le schéma ci-dessous.

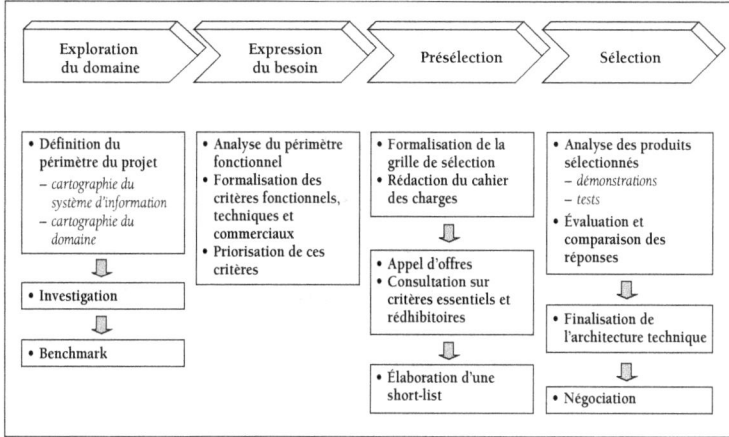

Exploration du domaine	Expression du besoin	Présélection	Sélection

• Définition du périmètre du projet
  – *cartographie du système d'information*
  – *cartographie du domaine*
 	
⬇
 	
• Investigation
 	
⬇
 	
• Benchmark
	• Analyse du périmètre fonctionnel
	• Formalisation des critères fonctionnels, techniques et commerciaux
	• Priorisation de ces critères
		• Formalisation de la grille de sélection
		• Rédaction du cahier des charges
		
		⬇
		
		• Appel d'offres
		• Consultation sur critères essentiels et rédhibitoires
		
		⬇
		
		• Élaboration d'une short-list
			• Analyse des produits sélectionnés
			  – *démonstrations*
			  – *tests*
			• Évaluation et comparaison des réponses
			
			⬇
			
			• Finalisation de l'architecture technique
			
			⬇
			
			• Négociation

Les étapes de sélection d'un progiciel

⚠ *Chef de projet, attention !*

- Ne choisissez pas un progiciel sans avoir au préalable bien identifié votre besoin.
- Prenez en compte les contraintes de votre entreprise :
  - ➡ Les critères fonctionnels pour évaluer la couverture fonctionnelle du produit,
  - ➡ Les critères techniques pour évaluer la qualité technique du produit (sécurité, adaptabilité, performance,…),

➡ Les critères commerciaux pour évaluer la solidité financière de l'éditeur du progiciel, sa pérennité et son offre commerciale.

• Acceptez que la couverture fonctionnelle du progiciel ne couvre pas 100 % de vos besoins.

• Impliquez fortement les utilisateurs dans le choix d'un progiciel métier. C'est l'utilisateur qui doit *in fine* choisir son progiciel.

Autre différence avec le développement d'un logiciel, dans l'étape de réalisation, la tâche de programmation est remplacée par la tâche de paramétrage. Toutefois des adaptations du progiciel à certaines règles de gestion de l'entreprise sont parfois nécessaires.

(!) Chef de projet, attention !

• Évitez de dépasser le seuil de 15 % de spécificités par rapport aux fonctions standards du progiciel. Votre éditeur pourrait avoir quelques difficultés à maintenir votre progiciel et attention aux nouvelles versions.

• Avant d'effectuer le paramétrage, élaborez le dossier de paramétrage.

• Impliquez fortement les utilisateurs dans les étapes de paramétrage et de recette du progiciel.

Dans un projet de mise en œuvre d'un progiciel et plus particulièrement dans le choix d'un E.R.P. (Entreprise Ressource

Planning type S.A.P.), il convient d'anticiper le changement pour gérer de façon efficace le projet.

Loin de mener un projet purement informatique, le choix d'un E.R.P. doit être l'occasion de reconsidérer les mécanismes et d'améliorer les flux participant au fonctionnement de l'entreprise. C'est alors l'occasion d'une remise en cause des aspects organisationnels vitaux pour la productivité de l'entreprise.

Les différentes étapes à respecter lors de la mise en œuvre d'un E.R.P. sont les suivantes :

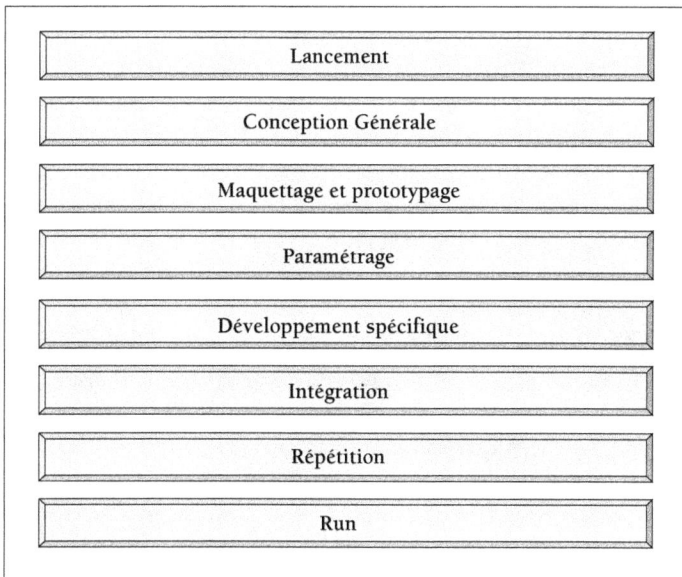

Lancement
Conception Générale
Maquettage et prototypage
Paramétrage
Développement spécifique
Intégration
Répétition
Run

Les différentes phases de mise en œuvre d'un E.R.P.

⚠ Chef de projet, attention !

- Vous devez impliquer fortement les futurs utilisateurs dans le projet.
- Vous devez mettre en place des baromètres de satisfaction afin d'adapter votre stratégie de communication.
- Pensez à communiquer de manière formelle et informelle et communiquez à chaque étape importante du projet.
- Définissez très tôt votre stratégie et votre plan de communication et impliquez pour cela les décideurs.
- N'oubliez pas d'accompagner l'ensemble des acteurs après la bascule par la mise en place de structures d'accompagnement.
- N'oubliez pas que la bataille se gagne souvent juste après le démarrage.
- Pilotez le projet par les enjeux et les risques. Ne perdez pas la finalité de vue.

Les deux natures de problèmes les plus fréquents lors de la mise en œuvre d'un E.R.P. sont :

Au niveau fonctionnel

- Un périmètre fonctionnel mal défini ou mouvant.
- Des interfaces insuffisamment étudiées.
- Des besoins critiques mal identifiés.
- La non maîtrise des développements spécifiques.

Au niveau du pilotage du projet

- Une mauvaise estimation des charges utilisateurs.

- L'absence de décision dans les comités.
- L'absence ou la mauvaise gestion des risques.
- Des problèmes de personnes (intérêts contradictoires, redistribution des responsabilités).

(!) *Chef de projet, attention !*

- Organisez le projet autour d'acteurs garants des enjeux.
- Concentrez-vous sur les fonctions critiques de l'entreprise.
- Adoptez une approche par les processus.
- Soyez dans une logique d'adoption (respecter autant que possible le standard du progiciel). Le spécifique n'a de valeur que sur une spécification métier majeure.
- Privilégiez la mise en situation et le prototypage itératif.
- Élaborez une stratégie de bascule validée par l'encadrement opérationnel (enjeux, ressources disponibles, contraintes opérationnelles...).
- N'oubliez pas d'organiser la négociation pour les projets multi-sites.
- Anticipez très tôt les actions de conduite du changement (privilégiez la communication de proximité relayée par l'encadrement opérationnel).

Partie 4

QUESTIONNAIRES D'ÉVALUATION

Cette quatrième partie présente une série de questionnaires d'évaluation permettant d'auditer un projet.

Chef de projet, attention !

- La réponse « **oui** » à une question indique un point positif (facteur de succès) à un moment donné.
- La réponse « **non** » à une question indique un point négatif (facteur de risque) à un moment donné et renvoie à une partie spécifique du livre.
- Tout facteur de succès doit être utilisé et tout facteur de risque mis sous contrôle par la mise en œuvre :
  - ➡ D'actions de prévention afin d'en éviter la survenance.
  - ➡ D'actions de régulation pour en réduire les effets en cas de survenance ou
  - ➡ D'actions de transfert du risque sur un tiers (assureur, fournisseur, constructeur, éditeur,…) pour en annuler les effets en cas de survenance.

Les objectifs du projet

N°	Questions	Oui	Non
1	Les objectifs du projet sont réalistes		
2	Les objectifs du projet sont clairement définis		
3	L'atteinte des objectifs du projet peut être mesurée		
4	Les objectifs sont formalisés par écrit		
5	Les objectifs sont inscrits dans le programme annuel des projets de l'entreprise		
6	Les éléments de complexité et les contraintes à prendre en compte pour le management du projet sont identifiés		
7	Le projet contribue directement à la finalité et aux résultats financiers de l'entreprise		
8	Les objectifs du projet sont acceptés par toutes les parties prenantes		
9	La non atteinte des objectifs du projet entraînerait des conséquences négatives pour l'entreprise		

10	D'une manière générale, les objectifs du projet constituent une priorité pour l'entreprise		
	TOTAL		

Chef de projet, si vous avez répondu « **Non** » à une ou plusieurs questions, reportez vous à la page 11 « Un objectif à réaliser… ».

Les acteurs du projet

N°	Questions	Oui	Non
1	Les responsabilités de chacun des acteurs sont précisées (maître d'ouvrage, maître d'œuvre, Comité de pilotage…)		
2	Il existe une structure projet formalisée et connue par tous les acteurs		
3	Il existe un Comité Stratégique		
4	Il existe un Comité de Pilotage		
5	Il existe une équipe projet clairement identifiée		
6	Aucun acteur du projet n'est affecté à plusieurs projets en même temps (sauf pour expertise ponctuelle)		
7	Le chef de projet connaît bien le domaine du projet		
8	Le chef de projet a déjà managé des projets de même nature		
9	Le chef de projet est affecté à 100 % sur le projet		

10	L'équipe projet a été formée à la méthode de conduite de projet (phases, outils techniques, livrables à produire…) qui sera utilisée dans le projet		
11	Le projet ne donne pas lieu à des conflits d'intérêt ou de personnes		
12	L'équipe projet possède toutes les compétences techniques en interne		
13	Les bénéficiaires du projet sont d'accord sur la façon de conduire le projet		
14	Les bénéficiaires du projet reconnaissent la compétence du chef de projet et des membres de l'équipe projet		
15	Le remplacement de l'un des membres de l'équipe projet n'entraînerait pas l'arrêt du projet		
16	Le chef de projet pilote le projet depuis son lancement		
17	L'équipe projet présente un turn-over faible		

18	Le Comité de Pilotage prend rapidement les décisions de son niveau de responsabilité		
19	D'une manière générale, les différents acteurs du projet sont motivés par la réussite de celui-ci		
	TOTAL		

Chef de projet, si vous avez répondu « **Non** » à une ou plusieurs questions, reportez vous à la page 13 « Par des acteurs… ».

Le contexte du projet

N°	Questions	Oui	Non
1	Il existe une « culture projet » dans l'entreprise		
2	L'entreprise est organisée en struture projets		
3	De nombreux projets ont déjà été conduits avec succès par le passé dans l'entreprise		
4	Les différents projets en cours dans l'entreprise donnent lieu à une information régulière dans l'entreprise		
5	Il existe dans l'entreprise une structure d'assistance aux projets (consultants internes ou externes)		
6	Il n'existe pas d'autre projet susceptible de mobiliser à la même période les ressources du projet		
7	Le projet nécessite l'utilisation d'une technologie éprouvée		
8	Le projet nécessite l'utilisation d'une technologie nouvelle connue et maîtrisée par l'équipe projet		

9	Des experts extérieurs à l'entreprise aident l'équipe projet dans l'appropriation de cette nouvelle technologie		
10	D'une manière générale, l'environnement est favorable à la bonne réalisation du projet		
	TOTAL		

Chef de projet, si vous avez répondu « **Non** » à une ou plusieurs questions, reportez vous à la page 25 « Dans un contexte précis… ».

La planification du projet

N°	Questions	Oui	Non
1	La durée prévisionnelle totale du projet a été calculée		
2	La date de fin de projet a été fixée		
3	La date de fin de projet est réaliste		
4	La durée de chaque tâche a été évaluée avec une méthode reconnue dans l'entreprise		
5	Il existe un planning de réalisation des tâches		
6	Il existe un planning d'occupation des différents acteurs		
7	Le calendrier des réunions d'avancement du projet est fixé		
8	Le planning du projet tient compte de la disponibilité des membres de l'équipe projet et des experts (congés, formation, périodes de surcharge de travail…)		
9	Le planning intègre une « soupape de sécurité »		

10	Le planning est suivi périodiquement (une à deux fois par mois au minimum) par le Comité de pilotage		
11	Les dépassements et gains de temps sont analysés tâche par tâche et ne donnent pas lieu à une compensation automatique		
12	Les dates de validation des tâches et des phases sont respectées		
13	Les écarts entre prévision et réalisation donnent lieu à justification		
14	Le non-respect d'une date d'avancement donne lieu à des arbitrages dans l'intérêt général du projet		
15	D'une manière générale, la durée et les dates du projet sont adaptées à la nature du projet et à son contexte		
	TOTAL		

Chef de projet, si vous avez répondu « **Non** » à une ou plusieurs questions, reportez vous à la page 28 « Pour un délai donné… ».

▰▰ **Les moyens mis à la disposition du projet**

N°	Questions	Oui	Non
1	Les moyens ont été déterminés avant le démarrage du projet		
2	Les ressources humaines sont suffisantes, tant au niveau de l'équipe projet qu'au niveau des experts et des utilisateurs		
3	Les moyens matériels sont suffisants (ordinateurs, locaux…)		
4	Les moyens financiers sont suffisants (budgets de déplacement et de séjour, budget consultants externes…)		
5	Les moyens financiers sont ventilés en budgets spécifiques		
6	Le chef de projet réalise régulièrement un suivi des moyens et ressources mis en œuvre		
7	Les écarts et demandes de ressources supplémentaires donnent lieu à justification systématique auprès du Comité de pilotage		
8	Les écarts donnent lieu à des arbitrages		

9	Les moyens sont réellement disponibles quand l'équipe projet en a besoin		
10	Les dates de déblocage des fonds sont respectées		
11	Les dates de livraison des matériels, machines, mobiliers, fournitures diverses... sont respectées		
12	D'une manière générale, les ressources sont bien adaptées au projet		
	TOTAL		

Chef de projet, si vous avez répondu « **Non** » à une ou plusieurs questions, reportez vous à la page 31 « Avec des moyens définis... ».

Les outils du projet

N°	Questions	Oui	Non
1	Les différents outils qui seront utilisés dans le cadre du projet sont connus du chef de projet et de l'équipe projet		
2	Il existe un organigramme technique du projet		
3	Le projet est découpé en sous-projets et tâches		
4	Il existe une planification des tâches à réaliser		
5	Un outil de gestion de projet simple d'emploi est utilisé		
6	Il n'existe pas de conflit d'intérêt entre les tâches		
7	La planification tient compte des aléas les plus prévisibles		
8	Les dépendances entre les tâches sont identifiées		
9	Chaque tâche est affectée à un responsable de tâche		
10	Les marges de manœuvre sont évaluées pour chaque tâche		

11	Il existe une planification prévisionnelle de l'utilisation des ressources humaines		
12	Il existe une planification prévisionnelle de consommation des ressources financières		
13	Il existe un tableau de bord permettant de suivre la consommation des différentes ressources		
14	Il existe une politique de communication autour du projet		
15	Cette communication donne lieu à des réunions régulières, la diffusion de notes d'information, d'un site sur l'intranet de l'entreprise…		
16	Les documents standards de communication sont définis (quel document pour quel objectif et vers quel type d'acteur du projet)		
17	Les documents sont validés par le Comité de pilotage avant diffusion aux acteurs du projet		
18	Les documents sont diffusés régulièrement et aux moments prévus (tous les mois, aux dates clé…)		

19	D'une manière générale, la communication autour du projet favorise la mobilisation des acteurs et les outils sont bien adaptés à l'entreprise, aux objectifs et à la nature du projet		
	TOTAL		

Chef de projet, si vous avez répondu « **Non** » à une ou plusieurs questions, reportez vous à la page 33 « Nécessitant l'utilisation d'outils appropriés… ».

Le déroulement du projet

N°	Questions	Oui	Non
1	Une étude d'opportunité a été réalisée avant de lancer le projet		
2	Les résultats de l'étude d'opportunité ont été validés par la Direction de l'entreprise		
3	Un cahier des charges a été rédigé		
4	Le contenu du cahier des charges a été validé par la Direction de l'entreprise		
5	Les bénéficiaires ont participé de façon active à la définition de leurs besoins		
6	Les bénéficiaires participent aux réunions de validation qui jalonnent toute la durée du projet		
7	Ces réunions sont planifiées à l'avance et le sujet à valider connu à l'avance (dossier préparatoire remis avant la réunion)		
8	Une étude de la situation présente a été réalisée afin de savoir « d'où part le projet » (contexte, niveaux de performances et dysfonctionnements actuels…)		

9	Cette analyse de l'existant a été validée par les bénéficiaires du projet		
10	Une fonction de régulation permet de prendre en compte les ajustements demandés par les bénéficiaires tout au long du déroulement du projet		
11	Le procès-verbal de réception des résultats a été validé par le maître d'œuvre et le maître d'ouvrage		
12	La documentation technique est à jour		
13	Les étapes de qualification des lots font l'objet d'une procédure acceptée par tous les acteurs du projet (équipe projet, bénéficiaires du projet, sous-traitants, éditeurs de progiciels…)		
14	Il existe une procédure de réception des travaux		
15	Il existe une procédure de validation et de test		
16	Les rapports d'activité sont remis dans les délais		
17	Il existe une consolidation des rapports d'activité		

18	Le « reste à passer » est revu et discuté avec les personnes intéressées		
19	Les modifications à apporter au projet sont discutées en Comité de pilotage et planifiées avec l'accord de toutes les parties		
20	Il est prévu un bilan de fin de projet		
21	Il est prévu un retour d'expérience du projet avec des représentants des différentes catégories d'acteurs		
22	D'une manière générale, le déroulement du projet ne nécessite pas d'arbitrages entre les objectifs, les délais et les ressources		
	TOTAL		

Chef de projet, si vous avez répondu « **Non** » à une ou plusieurs questions, reportez vous à la page 49 « Le déroulement du projet ».

Conclusion

Le management d'un projet est un exercice périlleux, rempli d'incertitudes, d'aléas, de rebondissements… qui nécessite un pilote disposant d'une solide expérience professionnelle.

Cependant, il faut bien commencer un jour, et malgré sa bonne volonté et ses lectures préparatoires, tomber dans quelques pièges ! Car, s'il est dit souvent que « L'expérience ne se transmet pas »…, il est prouvé qu' « On apprend surtout de ses propres erreurs ».

Chefs de projet, si ce livre vous donne envie de faire vos propres expériences et qu'en plus, il vous évite quelques erreurs, nous aurons atteint notre objectif.

Partie **5**

ANNEXES

5.1. Liste des illustrations

5.2. Lexique

Assurance qualité	Ensemble des actions favorisant le bon déroulement du projet
Audit de projet	Action de s'assurer que le projet est conduit dans le respect des bonnes pratiques
Bénéficiaires	Destinataires du projet
Cahier des charges	Document définissant le résultat attendu par le promoteur du projet
Cahier des charges fonctionnel	Document définissant les fonctionnalités attendues par le demandeur du système informatique
Carte des forces	Cartographie des attitudes des acteurs concernés par le projet
Chef de projet	Personne en charge de la coordination des travaux à réaliser dans le cadre du projet (Synonyme : Maître d'ouvrage)
Comité de pilotage	Instance de suivi et d'arbitrage du projet
Comité stratégique	Instance d'arbitrage inter-projets

Conception	Étape de définition « sur plan » du résultat attendu par le projet
Dépenses d'investissement	Coûts relatifs aux acquisitions nécessaires pour mettre en œuvre le résultat du projet (locaux, machines, expertise…)
Dépenses de développement	Coûts relatifs aux travaux à réaliser pour fabriquer le résultat du projet
Dépenses de fonctionnement	Coûts relatifs au fonctionnement au quotidien du produit du projet (amortissement, entretien et maintenance, assurance, personnel, consommables, énergie…)
Déploiement	Action de généraliser une solution organisationnelle ou technique testée dans le cadre d'un site pilote
Estimations pondérées	Technique permettant d'évaluer le temps nécessaire pour chacune des tâches du projet
Étude d'opportunité	Analyse des 1001 bonnes raisons de lancer un projet
Étude de faisabilité	Analyse de la façon de réaliser techniquement une solution définie préalablement sur plan
Expert	Personne intervenant ponctuellement dans le cadre du projet (expert métier, d'une technologie, d'un secteur d'activité…)

Exploitation	Étape d'entrée en fonctionnement du produit du projet
Expression de besoin	Demande de projet formalisée
Gantt	Outil associant le planning et les ressources du projet (du nom de M. Gantt, son inventeur)
Initialisation	Étape de préparation du projet
Jeu de test	Scénario permettant de tester une fonctionnalité informatique en situation de travail
Logiciel	Application informatique développée pour un besoin spécifique et unique (synonyme : application « propriétaire »)
Maître d'œuvre	Personne qui réalise certains lots de travaux dans le cadre du projet
Maître d'ouvrage	Personne qui coordonne les travaux dans le cadre du projet (synonyme de chef de projet)
Mise en œuvre	Étape d'installation du résultat du projet
Niveaux de développement d'une organisation	Niveau de maturité des relations entre les acteurs concernés par le projet
Objectif	But à atteindre par le projet

Organigramme technique de projet	Outil permettant de décomposer le projet en lots pouvant être affectés à des personnes différentes
P.E.R.T.	Technique de planification permettant d'optimiser la durée totale d'un projet
Plan de communication	Ensemble des actions de communication à mener auprès des acteurs concernés par le projet
Progiciel (E.R.P.)	Application informatique standardisée et permettant une adaptation à des besoins locaux grâce à un paramétrage
Projet de maintenance	Adaptation d'un logiciel informatique existant (Changement réglementaire, confort utilisateur, correction d'anomalie…)
Rapport d'avancement	Support de reporting rédigé par le chef de projet à l'attention du Comité de pilotage du projet
Réalisation	Étape de fabrication de ce qui a été défini sur plan dans l'étape de conception
Réception définitive	Validation donnée par les utilisateurs d'une application informatique sur l'adéquation entre les fonctionnalités et niveaux de performance constatés et ceux demandés dans le cahier des charges

Réception provisoire	Validation provisoire donnée par les utilisateurs d'une application informatique sur l'adéquation entre les fonctionnalités et niveaux de performance constatée et celle demandée dans le cahier des charges et permettant de mettre en exploitation l'application
Recette	Action de contrôler les performances réelles d'une application informatique sous différents angles fonctionnel, temps de réponse…
Schéma conceptuel des données	Représentation graphique permettant de mettre en évidence les données utilisées par un système d'information et leurs relations
Schéma directeur	Cadre général structurant dans lequel le projet doit se situer (Par exemple : schéma directeur informatique)
Schéma organisationnel des traitements	Représentation graphique permettant de mettre en évidence les traitements à réaliser par une application informatique
Site pilote	Entité permettant de tester une solution qui sera généralisée dans un deuxième temps
Tableau de bord	Outil de suivi du projet

Test d'intégration	Action permettant de vérifier que le progiciel ne perturbe pas le système d'information dans lequel on l'intègre
Test unitaire	Action de tester unitairement chaque fonctionnalité d'un logiciel
Traitement batch	Traitement informatique programmé à date fixe (Par exemple : toutes les nuits à 2 heures)
Traitement en temps réel	Traitement informatique immédiat (synonyme : traitement « au fil de l'eau »)
Types d'organisation de projet	Différentes façons d'organiser le projet et notamment le rôle des acteurs
Types de besoin recherché	Besoins recherchés par les différents acteurs du projet